Manifeste
du Parti communiste

ŒUVRES PRINCIPALES

Ouvrages de Karl Marx
Manuscrits de 1844
Misère de la philosophie
Travail salarié et capital
Les luttes de classes en France (1848 - 1850)
Le 18-Brumaire de Louis Bonaparte
Contribution à la critique de l'économie politique
Salaire, prix et profit
Le Capital
La guerre civile en France (1871)
Lettres à Kugelmann

Ouvrages de Friedrich Engels
La situation de la classe laborieuse en Angleterre
La révolution démocratique bourgeoise en Allemagne
Le rôle de la violence dans l'Histoire
Socialisme utopique et Socialisme scientifique
Dialectique de la nature
L'origine de la famille, de la propriété privée et de l'État

Ouvrages de Karl Marx et Friedrich Engels
La sainte famille
L'idéologie allemande
Manifeste du Parti communiste

Karl Marx Friedrich Engels

Manifeste du Parti communiste

Traduction de Laura Lafargue

précédé de

Lire le *Manifeste*

par Claude Mazauric

Librio

Texte intégral

LIRE LE MANIFESTE

par Claude MAZAURIC

Le *Manifeste du Parti communiste* a cent cinquante ans. Peut-on encore aujourd'hui le lire avec intérêt et profit ?

En un siècle et demi en effet, que de changements ! Le monde est devenu un marché qui s'unifie ; on peut aussi le voir comme un champ de forces ou un réseau hiérarchisé d'Etats ou d'ensembles géographiques. Les techniques et l'activité économique ont connu des transformations radicales. Les modes de communication et les relations entre les Etats et les sociétés ont modifié l'espace humanisé de la Terre. Les paysages eux-mêmes ne sont plus identiques à ce qu'ils étaient. De nouvelles contradictions sont apparues, accompagnées de nouveaux périls, notamment dans le domaine de l'écologie. Le nombre des humains a plus que quadruplé tandis que la durée moyenne de vie s'est allongée, quoique très inégalement.

Partout les hommes s'interrogent sur ce que sera l'avenir de l'humanité dans son ensemble.

De ce fait, dans les conditions d'aujourd'hui, la lecture du *Manifeste du Parti communiste* peut-elle nous aider à y voir plus clair ? Et au-delà de l'habituelle émotion que suscite sa lecture en raison de la beauté formelle du texte et de sa sobriété d'écriture, cent cinquante années après sa rédaction, le *Manifeste* peut-il toujours nous livrer quelques clés pour penser l'ordre contemporain du monde ?

Quelle peut être encore sa validité quand tant de réalités, d'expériences douloureuses et de dangers, comme de possibilités alors ignorées, sont venus depuis s'insérer dans la trame de notre histoire présente ?

Le **Manifeste du Parti communiste** *dans l'actualité du monde*

C'est précisément en l'appréciant à l'aune des enjeux du monde actuel que se révèle pourtant le mieux l'intelligence et la possible actualité du *Manifeste du Parti communiste*. Certes, l'histoire tragique du XXe siècle a compromis l'emploi du mot « communisme » qui paraissait équivaloir naguère aux seules notions de progrès social et humain. Au nom du communisme, des partis communistes ou « ouvriers » et des Etats « révolutionnaires » ont produit des politiques qui, d'abord en Russie puis ailleurs dans le monde, ont abouti à faire mourir des millions d'êtres humains. Militants assassinés, victimes innocentes de famines, de guerres, de répressions de masse, familles martyrisées, groupes sociaux et ethniques tenus pour ennemis, décimés, voire anéantis : tout un cortège d'horreurs qui désormais accompagne l'emploi du mot « communisme ». Qui pourrait les oublier ou en sous-estimer la monstruosité ? Pourtant, rien dans l'idée originelle qui est celle d'une libération féconde et nécessaire de l'humanité ne portait indication ou justification par avance de tels massacres. *A fortiori*, cela n'a rien à voir avec le génocide hors normes, c'est-à-dire proprement impensable, auquel ont procédé les nazis, qui résultait directement d'une idéologie et d'un programme mûrement réfléchis. Il convient aussi de ne pas occulter les innombrables massacres qui jalonnent l'histoire moderne et surtout contemporaine, depuis ceux, par exemple, qui ont accompagné la traite des esclaves africains puis accompagné les guerres et opérations de conquête jusqu'aux grandes hécatombes des deux guerres mondiales ou à l'épouvantable série des grandes vagues de répression de ce siècle qui ont eu pour fin de tenir closes les portes des prisons, hier coloniales, aujourd'hui économiques ou politiques où croupissent tant de peuples sur la planète.

Peut-on cependant imputer à l'idée communiste, qui vient de loin, donc au *Manifeste* qui en exprime dans notre modernité industrielle la visée essentielle, une part de responsabilité dans les aberrations staliniennes ou maoïstes survenues, certes, postérieurement, mais exécutées en son nom ? Dans la mesure où le communisme révolutionnaire tel que l'expose le *Manifeste* a admis dès son origine l'hypothèse du recours à la violence fondatrice contre la violence quotidienne de l'exploitation capitaliste et des inégalités sociales et, sur le mode de la révolution jacobine à la française, exalté le rôle instrumental de l'Etat dans l'accouchement de la société nouvelle, il en encourt évidemment le reproche. On objectera cependant qu'en 1848, à l'époque où le *Manifeste* fut publié, il n'y était question que de désarmer, surtout économiquement, les forces attachées à l'ancienne société pour donner sa chance de l'emporter à « l'association » des « producteurs libres » dont la réalisation est au cœur du projet politique des rédacteurs et promoteurs du texte : ce qui n'a rien à voir avec la construction d'un Etat policier et totalitaire, quoique rien dans le texte du *Manifeste* ne se trouve qui puisse nous laisser deviner comment d'éventuels contre-pouvoirs auraient pu s'exercer face à l'action jugée nécessairement « despotique » de l'Etat révolutionnaire.

On objectera surtout qu'ultérieurement, les disciples des auteurs du *Manifeste*, et Engels lui-même, à la fin de sa vie, en 1895, au vu de l'état de maturité atteint par le mouvement ouvrier et socialiste, ont développé l'hypothèse selon laquelle la république démocratique et un suffrage réellement universel constituaient la meilleure voie d'accès des travailleurs, hommes et femmes, dans leur combat destiné à imposer l'affranchissement de toute la société de la domination du capital.

Lire le *Manifeste* aujourd'hui implique donc de ne rien omettre de ce qui fut entrepris au nom du communisme. Mais il faut ne pas identifier le projet communiste comme idée à sa mise en œuvre comme expérience circonstancielle dans des pays dirigés par des partis qualifiés de communistes, pays qui n'étaient pas les plus avancés, ni économiquement, ni du point de vue de pratiques démocratiques qui nous paraissent essentielles. Par comparaison avec l'idée initiale, l'expérience qui en a été faite en notre siècle a été finalement manquée parce que le « mort » des anciens modes de vie et de gouvernement a pu saisir le « vif » de l'espérance populaire que le *Manifeste* précisément avait contribué à stimuler !

Des mots d'hier pour une réalité toujours présente

La lecture du *Manifeste* offre d'autres difficultés moins rugueuses. Un certain vocabulaire daté, bien des renvois à des situations ou à des faits oubliés pourront paraître désuets. Un lycéen peut-il aujourd'hui ressentir la rage qu'éprouvaient un républicain démocrate ou un « patriote » italien des années 1840 à l'évocation des noms de Metternich, Guizot ou Pie IX ? Qu'importe à une jeune femme moderne ou à un chômeur la rude critique des modestes idées de Louis Blanc, de l'utopie si lointaine de Cabet ou du mutualisme de Proudhon que seuls étudient de nos jours de savants spécialistes ? Un « opérateur » dans les télécommunications, une caissière d'hypermarché, « l'agent de production » d'une centrale nucléaire, les salariés plus généralement, ne se voient pas comme des « prolétaires », et c'est tout juste si la description de la « condition prolétarienne » des ouvriers de l'industrie mécanique qui, hier ou avant-hier, ont transformé le visage du monde moderne, est comprise dans sa vérité concrète par les étudiants d'histoire de cette fin de siècle. Quant à « bourgeois » – « qui pense bas », disait Gustave Flaubert –, ceux de nos jours qui sont situés à leurs antipodes dans l'échelle sociale ne désignent pas par ce mot les maîtres de l'économie capitaliste de marché ni les grands financiers internationaux comme l'auraient assurément fait les premiers lecteurs du *Manifeste* il y a plus de cent ans ! Pour un jeune d'une banlieue, être bourgeois revient à vivre de son revenu, même étroit, avec femme et enfants, dans l'apparente stabilité d'une condition professionnelle ordinaire. Dans les sociétés occidentales, les gens de milieu modeste ne peuvent imaginer d'horizon plus élevé que celui, pourtant médiocre au regard de l'infinie puissance des très riches, du petit-bourgeois moderne, par exemple un « cadre », l'un de ces personnages qui, par leur existence et la manière dont ils construisent leur identité sociale, témoignent de la réalité des « couches intermédiaires ».

Ce décalage de vocabulaire et de références ne rend pas toujours aisée la lecture du *Manifeste,* qui du coup en prend quelquefois une dimension spectrale... Cependant, l'intelligence humaine, la volonté de comprendre ce que veut dire un texte aussi fortement pensé et le souci de beaucoup de s'informer parce qu'ils ne veulent pas se résigner à supporter le mouvement du monde comme il va conduiront la plupart des lecteurs à surmonter ces difficultés superficielles pour tenter de saisir la « substantifique moelle » d'un ouvrage si bref mais de si considérable portée.

Ce que démontre le Manifeste

Le *Manifeste du Parti communiste* comprend quatre chapitres d'inégales longueur et importance. Le premier, qui demeure le plus essentiel, montre comment, au cours d'une longue histoire, le capitalisme s'est développé au sein de l'ancienne société « féodale », qui elle-même avait remplacé des manières antérieures de produire les biens utiles à la reproduction des sociétés. Le capitalisme a progressivement unifié le monde comme un grand marché et réalisé partout la soumission du travail au capital-argent accumulé, en transformant en marchandises les objets de l'usage humain, le plus noble comme le plus trivial. En tant que classe sociale, la bourgeoisie possède la maîtrise historiquement constituée du capital ; elle a produit des idées neuves, inspiré de nouvelles pratiques sociales, contribué à changer les mentalités : ce qui fut à proprement parler révolutionnaire. Mais, ce faisant, elle a multiplié et unifié, à travers le « salariat », la condition de ceux qui subissent l'exploitation de leur travail. Cependant, ceux qui sont de la sorte exploités se désignent dans leur inévitable résistance comme les agents potentiels de subversion de l'ordre capitaliste. Pourtant, les « ouvriers modernes » – le « prolétariat », dit aussi le *Manifeste* – ne se constituent pas spontanément en classe révolutionnaire internationale : il leur faut encore prendre conscience de leur nombre et de la communauté de leurs aspirations, accroître leur savoir et surmonter les divisions objectives qui se multiplient sans cesse tandis que progresse l'espace géographique et social occupé et transformé par l'action de l'argent accumulé et investi sous la forme du capital. La tendance lourde à l'unité de classe de la classe ouvrière se heurte aux effets de la concurrence interne entre travailleurs et à toutes les rivalités et compétitions que nous dirions aujourd'hui nationales, ethniques, sexuelles ou d'âge et de profession, qui sont l'effet du basculement sous la dépendance du capital de masses entières de producteurs ou de demandeurs d'emploi qui hier encore pouvaient lui échapper. Mais le processus qui conduira les travailleurs à « l'association » libérera la société entière. La « lutte des classes » est donc à la fois nécessaire – au sens où elle ne peut pas ne pas se produire, quoique sous des formes et avec une intensité variables – et doit aussi être menée consciemment pour conduire à l'affranchissement des individus, femmes et hommes.

Le deuxième chapitre du *Manifeste* analyse la « position » des « communistes » dans cette lutte de classes et observe ce que doit être leur engagement historique et, pourrait-on dire, moral. Leur tâche est d'aider à la prise de conscience de ce qu'ils sont, c'est-à-dire à leur « conscience de classe », celles et ceux qui constituent cette classe et de soutenir son combat libérateur car le communisme a pour fin d'« ôter au capital le pouvoir d'asservir le travail d'autrui à l'aide de cette appropriation ». Pour y accéder, il faut que la classe ouvrière et ses alliés établissent leur « suprématie politique » (« *politische Herrschaft* » en allemand), c'est-à-dire, dans l'ordre politique, leur capacité à exercer une influence déterminante sur les structures du pouvoir d'Etat. Etat qui devra se transformer lui aussi de manière que « le libre développement de chacun » devienne la condition du « libre développement de tous ». Dans ce XIXe siècle qui tenait la violence, notamment la violence d'Etat, comme un facteur nécessaire et fécond du progrès des sociétés, le *Manifeste*, qui porte la marque de son temps, en admet la nécessité : « ... le prolétariat (...) abolit par la violence les anciens rapports de production, il abolit en même temps que ces rapports les conditions de l'antagonisme des classes, il abolit les classes en général et, par là même, sa propre domination de classe ».

Les troisième et quatrième chapitres prolongent la démarche analytique et politique des deux premières parties en soumettant au feu serré d'une critique perspicace les théories, propositions, remèdes imaginés par les philanthropes, réformateurs sociaux et utopistes d'un nouveau genre qui prétendaient résoudre la « question sociale » sans toucher au capital et en faisant l'impasse sur la lutte des travailleurs eux-mêmes. Simultanément, le texte du *Manifeste* n'ignore rien de ce qu'ils ont apporté et valorise par la confrontation des idées ses propres origines intellectuelles et politiques.

Pourquoi un **Manifeste** *?*

Naturellement, depuis sa parution, le *Manifeste* a suscité bien des questions, des réserves et des objections. Qu'est donc ce « travail » dont le « capital » s'approprie le fruit ? Pourquoi ne pas évoquer à égalité les prélèvements autres, rentes et impôts, qui assurent la domination de l'Etat et celle des propriétaires immobiliers et fonciers qui ne sont pas des entrepreneurs capitalistes ? Comment peut-on concevoir une classe bourgeoise unie alors que c'est la concurrence radicale qui régit le monde des affaires et le marché capitaliste ? Que peut être au demeurant une bourgeoisie montante et à quel moment cesse-t-elle de l'être ? Entre capitalistes et prolétaires, il y a des luttes et des oppositions mais aussi des ententes et des intérêts communs, par exemple résultant de la conscience d'une appartenance nationale commune. L'abolition des rapports d'exploitation et de classes autorise-t-elle à dire que seront du même coup abolies toutes les autres formes de domination entre humains comme celle qui relève de la division sexuelle de la société, de la hiérarchie dans la famille ou ce qui découle de l'inégale distribution sociale des savoirs ? La domination du capital est-elle réductible à l'exercice de sa propriété ? La recherche de la suprématie politique des prolétaires en tant que classe est-elle compatible avec les principes de la démocratie politique dans un Etat républicain fondé sur les droits du citoyen ? Pourquoi assigner une fin « communiste » à un processus de transformation sociale dont le point d'arrivée est imprévisible et aléatoire ? L'histoire depuis 1848 a montré la pertinence de ces questions et de beaucoup d'autres sur lesquelles il est cependant juste de dire que les auteurs du *Manifeste* ont beaucoup travaillé au cours des années de labeur intense qui ont suivi la publication du *Manifeste* et la parution de leurs premiers livres et qu'ils y ont souvent apporté de rigoureuses réponses. Mais cela n'est pas ici l'essentiel.

Aucune objection en effet n'a pu affaiblir la réputation de sérieux et la force démonstrative du *Manifeste*. Cette incomparable cohérence, rendue encore plus visible en raison de la brièveté du texte, est à saisir sur trois plans. Il convient de remarquer en premier lieu la cohérence théorique d'une démonstration qui replace les évolutions les plus récentes dans une histoire de longue durée dont on voit surgir les tendances lourdes et fondatrices. Il faut ensuite évoquer la rigueur politique d'une démarche philosophique qui ne recule pas devant les exigences d'action des principes énoncés. Il faut enfin souligner la dimension militante du communisme, lequel est appelé à constituer la raison finale de l'engagement de vie de celles et ceux qu'on appelle à se réunir en « parti » (au sens de mouvement organisé, et non de secte). Il s'agit donc moins dans ce texte de s'évader par l'imagination du monde réel parce qu'on en refuse les injustices et les iniquités, que de contribuer par tous les moyens de la civilisation moderne, la connaissance, la lutte politique, l'association de lutte sociale, à faire reculer la puissance du capital et les autres formes de domination qui lui sont désormais accolées ; le *Manifeste* déclare : être communiste, c'est « appuyer en tous pays le mouvement révolutionnaire contre l'ordre social et politique existant ».

La raison d'être du **Manifeste**

Avec ses hauts et ses bas, le développement des luttes sociales dans le monde depuis cent cinquante ans explique que ce texte ait connu une formidable diffusion que rien ne pouvait laisser prévoir, à l'origine. Jamais manifeste traduit dans toutes les langues, publié dans la quasi-totalité des pays, n'a connu une audience comparable ! Pourtant quand sa rédaction fut achevée, en janvier 1848, quand il parut en juin à Londres, en langue allemande et sans nom d'auteur, il n'était destiné qu'à répondre à la demande expresse d'une société internationale de travailleurs allemands et d'exilés immigrés en Grande-Bretagne, en Belgique et en France où ils étaient à la fois nombreux et très attachés à entretenir entre eux des liens de sociabilité politiques et culturels. Beaucoup d'entre eux soutenaient ou adhéraient à une association qui avait fini par s'appeler en 1847 la « Ligue des communistes » après s'être intitulée pendant plusieurs années la « Ligue des justes », et ce changement de nom marquait une évolution idéologique sans équivoque. Ce n'est que quelque temps après (en 1850) qu'on sut que les auteurs de ce texte étaient Karl Marx et Friedrich Engels.

Qui étaient Marx et Engels en 1848 ? Karl Marx, qui n'avait que trente ans, était déjà connu comme un philosophe et un publiciste étonnamment brillant, savant, véritablement boulimique de science et d'action. Ses travaux théoriques qui touchaient à l'histoire, à l'économie, au droit et à la philosophie, le désignaient comme un démocrate révolutionnaire issu des milieux intellectuels qui s'étaient réunis autour de l'héritage, disputé entre eux quoique revendiqué par tous, du philosophe allemand Hegel. Polémiste éblouissant parmi d'autres qui ne l'étaient pas moins, Marx avait dû se réfugier en France où il découvrit par l'intermédiaire de quelques exilés la lutte des classes à la française, marquée par la tradition du jacobinisme et du babouvisme, idéologies qui donnaient à l'Etat une place déterminante dans la solution des contradictions sociales, mais aussi et en même temps, il découvrit l'immense richesse de la pensée sociale qui culminait à Paris dans ces années-là. Sa polémique avec Proudhon lui valut une vraie célébrité mais aussi beaucoup d'ennemis et son action politique eut pour conséquence son expulsion par le ministre Guizot du territoire français. Avec femme et enfants, il trouva refuge à Bruxelles et bientôt à Londres, en multipliant contacts et relations avec un grand nombre de révolutionnaires et de démocrates, notamment d'origine allemande.

Au nombre de ceux-ci, Friedrich Engels, qui deviendra pour lui plus qu'un frère et un ami, un compagnon de tous les instants, le soutien grâce auquel il a pu devenir, malgré l'effrayante misère qui l'a assailli, l'un des plus grands penseurs de toute l'histoire des hommes. Ils s'étaient rencontrés en 1844 à Paris et ne se séparèrent plus, s'écrivant quelquefois chaque jour quand ils ne pouvaient se rencontrer, échangeant tout, expériences personnelles et réflexions politiques, lectures, connaissances, émotions, et cela jusqu'à la mort de Marx à Londres en 1883. Fidèle à la mémoire de son compagnon, Engels, lui-même un grand penseur et un leader politique influent, ne cessa jusqu'au terme de sa propre vie, en 1895, de mettre son talent au service de la pensée de Marx dont il contribua à codifier le mouvement foisonnant en un marxisme dont on ne pouvait, en 1848, dire ce qu'il était susceptible de devenir. Engels était le fils d'un manufacturier rhénan qu'on destinait à devenir industriel ; pour le former on l'avait envoyé en Angleterre, le seul pays alors réellement engagé dans la « révolution industrielle » du capitalisme. En jeune Allemand formé à la théorie et gagné aux idées de liberté, Engels mit tout son talent à analyser et à comprendre les mécanismes de la production capitaliste dont il devenait un praticien averti ; mais surtout il entreprit d'en mesurer conséquences et effets sur la vie sociale, familiale et même biologique des ouvriers : il fut en quelque sorte le premier sociologue de la classe ouvrière.

Si l'on en juge par le début de leur correspondance et leurs premières œuvres, Marx et Engels étaient d'autre part animés d'une foi révolutionnaire profonde, toujours inquiète mais toujours renaissante. Elle venait en droite ligne de leur jeunesse allemande contemporaine de l'époque où triomphait, avec les élans romantiques du siècle, l'interprétation hégélienne de l'Histoire.

Deux auteurs inspirés

Le *Manifeste* est l'œuvre commune de Marx et d'Engels. Ensemble, ils s'étaient imposés peu à peu comme les meilleures têtes pensantes de la ci-devant Ligue des justes, peut-être parce qu'ils avaient le souci constant de prendre en considération simultanément la pratique du métier, les luttes sociales et politiques qui s'inscrivent dans l'immédiateté du temps et la réflexion distanciée et savante qui exige le recours à la théorie et un travail intellectuel approfondi. Par leur formation première à l'université et dans le contexte bouillonnant d'une Allemagne en crise mais en pleine phase de créativité intellectuelle, ils avaient tout assimilé de la pensée de Hegel et des autres philosophes allemands qui dominaient la pensée européenne, Kant, Fichte, Feuerbach, etc. Ils avaient assimilé la dialectique hégélienne comme une somme philosophique indépassable dont seul l'idéalisme, c'est-à-dire le principe selon lequel l'esprit universel commande à la matière et à l'histoire sans être déterminé par elles, marquait à leurs yeux les limites. Ils avaient lu et étudié, l'un par profession, l'autre par exigence de savoir, les économistes classiques, notamment les anglais et les écossais, et confronté leurs observations et analyses théoriques aux réalités de la production et des échanges, aussi bien en termes de travail ou de technique que de profit ou de marché. Engagés dans les luttes politiques et sociales à partir de 1840, notamment à Paris quand ils y résidèrent, ils observèrent avec passion Paris et la France qui, depuis 1789 et de nouveau depuis 1830, donnaient l'exemple à l'Europe de la contestation radicale de la domination bourgeoise et de l'Etat à son service. A Paris, ils avaient fréquenté ces républicains radicaux, souvent disciples de Gracchus Babeuf (1760-1797), qui revendiquaient fièrement le qualificatif de « communistes » par lequel on avait cru pouvoir les discréditer. Si Marx et Engels ne s'autodésignèrent pas comme socialistes mais comme communistes, et toute la Ligue des justes avec eux, ce fut précisément pour marquer leur filiation avec ces révolutionnaires-là et indiquer leur point d'ancrage bien éloigné des simples propositions de replâtrage qui caractérisaient le socialisme de ce temps.

Le *Manifeste du Parti communiste* porte la marque indélébile de l'immense savoir de ses auteurs mais par l'ampleur des perspectives qu'il dégage, l'acuité de ses analyses concrètes, son ton militant et son écriture tranchante, il soulève l'enthousiasme – vertu révolutionnaire s'il en est !

– de ceux qui le lisent et adhèrent à ses vues. Le *Manifeste* présente cette double caractéristique d'être à la fois l'expression singulière de l'idée commune de deux penseurs d'exception et de devenir le vecteur d'une ambition collective. Ambition collective d'une classe en voie de se construire comme un mouvement politico-idéologique dont la force était destinée à devenir un élément déterminant de l'histoire contemporaine. Tout cela explique que le *Manifeste* ait vite acquis le statut d'un texte fondateur dont la force démonstrative et l'élan prophétique sont incomparables sans doute parce que ses auteurs se sont bien gardés de lui donner la forme d'un « catéchisme » comme c'était alors la mode. L'ensemble de ces traits caractéristiques explique que le *Manifeste du Parti communiste* n'ait rien perdu en cent cinquante ans de sa vigueur critique initiale qui impressionna les premiers lecteurs.

Le mot d'ordre : « Unissez-vous ! »

Lecture faite et refaite, le *Manifeste* nous paraît toujours, un siècle et demi après son écriture, comme un appel clairvoyant au refus de se soumettre. De se soumettre à de prétendues nécessités qui ne sauraient relever que de l'obéissance à des règles pensées et édictées par les bénéficiaires d'un régime social fondé sur l'exploitation du travail vivant par le travail mort accumulé et approprié sous forme d'argent, c'est-à-dire le capital. Il nous dit en conséquence que le capitalisme ne marque pas la fin de l'histoire et que pour être dominantes, des idées économiques apparemment évidentes et répandues à l'infini des continents ne sont pas pour autant immanquablement vraies. Aux humiliés et exploités de la Terre, à ceux qui subissent les dominations de sexe, de race ou d'ethnie, il dit toujours : « Unissez-vous », et à ceux qui, de par le vaste monde, ne se conçoivent pas comme extérieurs au combat contre les inégalités de genre ou de classe, il lance un appel confiant dans une sorte d'« unissons-nous » dont l'écho résonne en tout lieu. C'est pourquoi le texte du *Manifeste* n'a jamais cessé d'être actuel, c'est-à-dire vivant dans la conscience et l'action des hommes.

MANIFESTE
DU PARTI COMMUNISTE

Un spectre hante l'Europe : le spectre du communisme. Toutes les puissances de la vieille Europe se sont unies en une Sainte Alliance pour traquer ce spectre : le pape et le tsar, Metternich et Guizot, les radicaux de France et les policiers d'Allemagne.

Quel est le parti d'opposition qui n'a pas été accusé de communisme par ses adversaires au pouvoir ? Quel est le parti d'opposition qui, à son tour, n'a pas renvoyé aux opposants plus avancés que lui tout comme à ses adversaires réactionnaires le grief infamant de communisme ?

Il en résulte un double enseignement.

Déjà le communisme est reconnu par toutes les puissances européennes comme une puissance.

Il est grand temps que les communistes exposent à la face du monde entier, leurs conceptions, leurs buts et leurs tendances ; qu'ils opposent aux fables que l'on rapporte sur ce spectre communiste un manifeste du parti lui-même.

C'est à cette fin que des communistes de diverses nationalités se sont réunis à Londres et ont rédigé le manifeste suivant, publié en anglais, français, allemand, italien, flamand et danois.

I

BOURGEOIS ET PROLÉTAIRES[1]

L'histoire de toute société jusqu'à nos jours[2] est l'histoire de luttes de classes.

Homme libre et esclave, patricien et plébéien, baron et serf, maître de jurandes et compagnon, bref oppresseurs et opprimés, en opposition constante, ont mené une lutte ininterrompue, tantôt ouverte, tantôt dissimulée, une lutte qui finissait toujours soit par une transformation révolu-

---

1. Par bourgeoisie on entend la classe des capitalistes modernes qui possèdent les moyens sociaux de production et utilisent du travail salarié. Par prolétariat, la classe des ouvriers salariés modernes qui ne possèdent pas de moyens de production et en sont donc réduits à vendre leur force de travail pour pouvoir subsister. *(Note d'Engels, édit. angl. de 1888.)*

2. Ou plus exactement l'histoire transmise par les textes. En 1847, la préhistoire, l'organisation sociale qui a précédé toute l'histoire écrite, était à peu près inconnue. Depuis, Haxthausen a découvert en Russie la propriété commune de la terre. Maurer a démontré qu'elle est la base sociale d'où sortent historiquement toutes les tribus allemandes et on a découvert, peu à peu, que la commune rurale, avec possession collective de la terre, a été la forme primitive de la société depuis les Indes jusqu'à l'Irlande. Finalement la structure de cette société communiste primitive a été mise à nu dans ce qu'elle a de typique par la découverte décisive de Morgan qui a fait connaître la nature véritable de la gens et de sa place dans la tribu. Avec la dissolution de ces communautés primitives commence la division de la société en classes distinctes, et finalement opposées. J'ai tenté de décrire ce processus de dissolution dans *L'Origine de la famille, de la propriété privée et de l'Etat*, 2e édition, Stuttgart 1886. *(Note d'Engels, édit. angl. et all. de 1890 de 1888.)*

tionnaire de la société tout entière, soit par la disparition des deux classes en lutte.

Dans les premières époques historiques, nous constatons presque partout une structuration achevée de la société en corps sociaux distincts, une hiérarchie extrêmement diversifiée des conditions sociales. Dans la Rome antique, nous trouvons des patriciens, des chevaliers, des plébéiens, des esclaves ; au moyen âge, des seigneurs, des vassaux, des maîtres, des compagnons, des serfs et, de plus, dans presque chacune de ces classes une nouvelle hiérarchie particulière.

La société bourgeoise moderne, élevée sur les ruines de la société féodale, n'a pas aboli les antagonismes de classes. Elle n'a fait que substituer de nouvelles classes, de nouvelles conditions d'oppression, de nouvelles formes de lutte à celles d'autrefois.

Cependant, le caractère distinctif de notre époque, de l'époque de la bourgeoisie, est d'avoir simplifié les antagonismes de classes. La société entière se scinde de plus en plus en deux vastes camps ennemis, en deux grandes classes qui s'affrontent directement : la bourgeoisie et le prolétariat.

Des serfs du moyen âge naquirent les citoyens des premières communes ; de cette population municipale sortirent les premiers éléments de la bourgeoisie.

La découverte de l'Amérique, la circumnavigation de l'Afrique offrirent à la bourgeoisie montante un nouveau champ d'action. Les marchés des Indes Orientales et de la Chine, la colonisation de l'Amérique, le commerce colonial, la multiplication des moyens d'échange et, en général, des marchandises donnèrent un essor jusqu'alors inconnu au négoce, à la navigation, à l'industrie et assurèrent, en conséquence, un développement rapide à l'élément révolutionnaire de la société féodale en décomposition.

L'ancien mode d'exploitation féodal ou corporatif de l'industrie ne suffisait plus aux besoins qui croissaient sans cesse à mesure que s'ouvraient de nouveaux marchés. La manufacture prit sa place. La classe moyenne industrielle supplanta les maîtres de jurandes : la division du travail entre les différentes corporations céda la place à la division du travail au sein de l'atelier même.

Mais les marchés s'agrandissaient sans cesse : les besoins croissaient toujours. La manufacture, à son tour, devint insuffisante. Alors la vapeur et la machine révolutionnèrent la production industrielle. La grande industrie moderne supplanta la manufacture ; la classe moyenne industrielle céda la place aux millionnaires de l'industrie, aux chefs de véritables armées industrielles, aux bourgeois modernes.

La grande industrie a créé le marché mondial, préparé par la découverte de l'Amérique. Le marché mondial a accéléré prodigieusement le développement du commerce, de la navigation, des voies de communication. Ce développement a réagi en retour sur l'extension de l'industrie ; et, au fur et à mesure que l'industrie, le commerce, la navigation, les chemins de fer se développaient, la bourgeoisie se développait décuplant ses capitaux et refoulant à l'arrière-plan les classes léguées par le moyen âge.

La bourgeoisie, nous le voyons, est elle-même le produit d'un long processus de développement, d'une série de révolutions dans le mode de production et d'échange.

Chaque étape de développement de la bourgeoisie s'accompagnait d'un progrès politique correspondant. Corps social opprimé par le despotisme féodal, association armée s'administrant elle-même dans la commune[1], ici

1. C'est ainsi que les habitants des villes, en Italie et en France, appelaient leur communauté urbaine, une fois achetés ou arrachés à

république urbaine indépendante[1], là tiers état taillable et corvéable de la monarchie[2], puis, durant la période manufacturière, contrepoids de la noblesse dans la monarchie féodale ou absolue, pierre angulaire des grandes monarchies, la bourgeoisie, depuis l'établissement de la grande industrie et du marché mondial, s'est finalement emparée de la souveraineté politique exclusive dans l'Etat représentatif moderne. Le pouvoir étatique moderne n'est qu'un comité chargé de gérer les affaires communes de la classe bourgeoise tout entière.

La bourgeoisie a joué dans l'histoire un rôle éminemment révolutionnaire.

Partout où elle a conquis le pouvoir, elle a détruit les relations féodales, patriarcales et idylliques. Tous les liens variés qui unissent l'homme féodal à ses supérieurs naturels, elle les a brisés sans pitié pour ne laisser subsister d'autre lien, entre l'homme et l'homme, que le froid intérêt, les dures exigences du « paiement au comptant ». Elle a noyé les frissons sacrés de l'extase religieuse, de l'enthousiasme chevaleresque, de la sentimentalité petite-bourgeoise dans les eaux glacées du calcul égoïste. Elle a supprimé la dignité de l'individu devenu simple valeur d'échange ; aux innombrables libertés dûment garanties et si chèrement conquises, elle a substitué l'*unique* et impitoyable liberté de commerce. En un mot, à l'exploitation que masquaient les illusions religieuses et politiques, elle a substitué une exploitation ouverte, éhontée, directe, brutale.

La bourgeoisie a dépouillé de leur auréole toutes les activités considérées jusqu'alors, avec un saint respect,

---

leurs seigneurs féodaux leurs premiers droits à une administration autonome. *(Note d'Engels, édit. all. de 1890.)*

1. Comme en Italie et en Allemagne *(édit. angl. de 1888)*.
2. Comme en France *(édit. angl. de 1888)*.

comme vénérables. Le médecin, le juriste, le prêtre, le poète, l'homme de science, elle en a fait des salariés à ses gages.

La bourgeoisie a déchiré le voile de sentimentalité touchante qui recouvrait les rapports familiaux et les a réduits à de simples rapports d'argent.

La bourgeoisie a révélé comment la brutale manifestation de la force au moyen âge, si admirée de la réaction, trouvait son complément approprié dans la paresse la plus crasse. C'est elle qui, la première, a fait la preuve de ce dont est capable l'activité humaine : elle a créé de tout autres merveilles que les pyramides d'Egypte, les aqueducs romains, les cathédrales gothiques ; elle a mené à bien de tout autres expéditions que les invasions et les croisades.

La bourgeoisie ne peut exister sans révolutionner constamment les instruments de production et donc les rapports de production, c'est-à-dire l'ensemble des rapports sociaux. Le maintien sans changement de l'ancien mode de production était, au contraire, pour toutes les classes industrielles antérieures, la condition première de leur existence. Ce bouleversement continuel de la production, ce constant ébranlement de toutes les conditions sociales, cette agitation et cette insécurité perpétuelles distinguent l'époque bourgeoise de toutes les précédentes. Tous les rapports sociaux stables et figés, avec leur cortège de conceptions et d'idées traditionnelles et vénérables, se dissolvent ; les rapports nouvellement établis vieillissent avant d'avoir pu s'ossifier. Tout élément de hiérarchie sociale et de stabilité d'une caste s'en va en fumée, tout ce qui était arrivé est profané, et les hommes sont enfin forcés d'envisager leur situation sociale, leurs relations mutuelles d'un regard lucide.

Poussée par le besoin de débouchés de plus en plus larges pour ses produits, la bourgeoisie envahit le globe entier. Il lui faut s'implanter partout, mettre tout en exploitation, établir partout des relations.

Par l'exploitation du marché mondial, la bourgeoisie donne un caractère cosmopolite à la production et à la consommation de tous les pays. Au grand regret des réactionnaires, elle a enlevé à l'industrie sa base nationale. Les vieilles industries nationales ont été détruites et le sont encore chaque jour. Elles sont évincées par de nouvelles industries, dont l'implantation devient une question de vie ou de mort pour toutes les nations civilisées, industries qui ne transforment plus des matières premières indigènes, mais des matières premières venues des régions du globe les plus éloignées, et dont les produits se consomment non seulement dans le pays même, mais dans toutes les parties du monde à la fois. A la place des anciens besoins que la production nationale satisfaisait, naissent des besoins nouveaux, réclamant pour leur satisfaction les produits des contrées et des climats les plus lointains. A la place de l'isolement d'autrefois des régions et des nations se suffisant à elles-mêmes, se développent des relations universelles, une interdépendance universelle des nations. Et il en va des productions de l'esprit comme de la production matérielle. Les œuvres intellectuelles d'une nation deviennent la propriété commune de toutes. L'étroitesse et l'exclusivisme nationaux deviennent de jour en jour plus impossibles ; et de la multiplicité des littératures nationales et locales naît une littérature universelle.

Grâce au rapide perfectionnement des instruments de production, grâce aux communications infiniment plus faciles, la bourgeoisie entraîne dans le courant de la civilisation jusqu'aux nations les plus barbares. Le bon marché de ses produits est l'artillerie lourde qui lui permet de battre en brèche toutes les murailles de Chine et contraint à la capitulation les barbares les plus opiniâtrement hostiles à tout étranger. Sous peine de mort, elle force toutes les nations à adopter le mode bourgeois de production ; elle les force à introduire chez elles ce qu'elle appelle civilisation, c'est-à-dire à devenir bourgeoises. En un mot, elle se façonne un monde à son image.

La bourgeoisie a soumis la campagne à la domination de la ville. Elle a créé d'énormes cités ; elle a prodigieusement augmenté les chiffres de population des villes par rapport à la campagne, et, par là, elle a arraché une partie importante de la population à l'abrutissement de la vie des champs. De même qu'elle a subordonné la campagne à la ville, elle a rendu dépendants les pays barbares ou demi-barbares des pays civilisés, les peuples de paysans des peuples de bourgeois, l'Orient de l'Occident.

La bourgeoisie supprime de plus en plus la dispersion des moyens de production, de la propriété et de la population. Elle a aggloméré la population, centralisé les moyens de production et concentré la propriété dans un petit nombre de mains. La conséquence nécessaire de ces changements a été la centralisation politique. Des provinces indépendantes, tout juste fédérées entre elles, ayant des intérêts, des lois, des gouvernements, des tarifs douaniers différents, ont été regroupées en *une seule* nation, avec *un seul* gouvernement, *une seule* législation, *un seul* intérêt national de classe, derrière *un seul* cordon douanier.

Classe au pouvoir depuis un siècle à peine, la bourgeoisie a créé des forces productives plus nombreuses et plus gigantesques que ne l'avaient fait toutes les générations passées prises ensemble. Mise sous le joug des forces de la nature, machinisme, application de la chimie à l'industrie et à l'agriculture, navigation à vapeur, chemins de fer, télégraphes électriques, défrichement de continents entiers, régularisation des fleuves, populations entières jaillies du sol – quel siècle antérieur aurait soupçonné que de pareilles forces productives sommeillaient au sein du travail social ?

Nous avons donc vu que les moyens de production et d'échange, sur la base desquels s'est édifiée la bourgeoisie, ont été créés dans le cadre de la société féodale. A un certain stade d'évolution de ces moyens de production et d'échange, les rapports dans le cadre desquels la société féodale produisait et échangeait, l'organisation sociale de l'agriculture et de la manufacture, en un mot les rapports féodaux de propriété, cessèrent de correspondre au degré de développement déjà atteint par les forces productives. Ils entravaient la production au lieu de la stimuler. Ils se transformèrent en autant de chaînes. Il fallait briser ces chaînes. On les brisa.

Ils furent remplacés par la libre concurrence, avec une constitution sociale et politique appropriée, avec la suprématie économique et politique de la classe bourgeoise.

Nous assistons aujourd'hui à un processus analogue. Les rapports bourgeois de production et d'échange, de propriété, la société bourgeoise moderne, qui a fait surgir de si puissants moyens de production et d'échange, ressemble au sorcier qui ne sait plus dominer les puissances infernales qu'il a évoquées. Depuis des dizaines d'années, l'histoire de l'industrie et du commerce n'est autre chose que l'histoire de la révolte des forces productives contre les rapports modernes de production, contre les rapports de propriété qui conditionnent l'existence de la bourgeoisie et de sa domination. Il suffit de mentionner les crises commerciales qui, par leur retour périodique, remettent en question et menacent de plus en plus l'existence de la société bourgeoise. Ces crises détruisent régulièrement une grande partie non seulement des produits fabriqués, mais même des forces productives déjà créées. Au cours des crises, une épidémie qui, à toute autre époque, eût semblé une absurdité, s'abat sur la société – l'épidémie de la surproduction. La société se trouve subitement ramenée à un état de barbarie momentané ; on dirait qu'une famine, une guerre d'extermination généralisée lui ont coupé tous ses moyens de subsistance ; l'industrie et le commerce semblent anéantis. Et pourquoi ? Parce que la société a trop de civilisation, trop de moyens de subsistance, trop d'industrie, trop de commerce. Les forces productives dont elle dispose ne favorisent plus le développement de la civilisation bourgeoise et les rapports bourgeois de propriété ; au contraire, elles sont devenues trop puissantes pour ces formes qui leur font alors obstacle ; et dès que les forces productives triomphent de cet obstacle, elles précipitent dans le désordre la société bourgeoise tout entière et menacent l'existence de la propriété bourgeoise. Le système bourgeois est devenu trop étroit pour contenir les richesses qu'il crée. – Comment la bourgeoisie surmonte-t-elle ces crises ? D'un côté, en imposant la destruction massive de forces productives ; de l'autre, en conquérant de nouveaux marchés et en exploitant plus à fond des anciens marchés. Comment, par conséquent ? En préparant des crises plus générales et plus puissantes et en réduisant les moyens de les prévenir.

Les armes dont la bourgeoisie s'est servie pour abattre la féodalité se retournent aujourd'hui contre la bourgeoisie elle-même.

Mais la bourgeoisie n'a pas seulement forgé les armes qui la mettront à mort : elle a produit aussi les hommes qui manieront ces armes – les ouvriers modernes, les *prolétaires*.

A mesure que grandit la bourgeoisie, c'est-à-dire le capital, se développe aussi le prolétariat, la classe des ouvriers modernes qui ne vivent qu'à la condition de trouver du travail et qui n'en trouvent que si leur travail accroît le capital. Ces ouvriers, contraints de se vendre au jour le jour, sont une marchandise au même titre que tout autre article de commerce ; ils sont exposés, par conséquent, de la même façon à toutes les vicissitudes de la concurrence, à toutes les fluctuations du marché.

Le développement du machinisme et la division du travail, en faisant perdre au travail de l'ouvrier tout caractère d'autonomie, lui ont fait perdre tout attrait. L'ouvrier devient un simple accessoire de la machine, dont on n'exige que l'opération la plus simple, la plus monotone, la plus vite apprise. Par conséquent, les frais qu'entraîne un ouvrier se réduisent presque exclusivement au coût des moyens de subsistance nécessaires à son entretien et à la reproduction de son espèce. Or le prix d'une marchandise, et donc le prix du travail également, est égal à son coût de production. Donc, plus le travail devient répugnant, plus les salaires baissent. Bien plus, à mesure que se développent le machinisme et la division du travail, la masse de travail s'accroît, soit par l'augmentation des heures de travail, soit par l'augmentation du travail exigé dans un temps donné, l'accélération du mouvement des machines, etc.

L'industrie moderne a fait du petit atelier du maître artisan patriarcal la grande fabrique du capitaliste industriel. Des masses d'ouvriers, concentrés dans la fabrique, sont organisés militairement. Simples soldats de l'industrie, ils sont placés sous la surveillance d'une hiérarchie complète de sous-officiers et d'officiers. Ils ne sont pas seulement les esclaves de la classe bourgeoise, de l'Etat bourgeois, mais encore, chaque jour, à chaque heure, les esclaves de la machine, du contremaître, et surtout du bourgeois fabricant lui-même. Ce despotisme est d'autant plus mesquin, odieux, exaspérant qu'il proclame plus ouvertement le profit comme étant son but suprême.

Moins le travail manuel exige d'habileté et de force, c'est-à-dire plus l'industrie moderne se développe, et plus le travail des hommes est supplanté par celui des femmes et des enfants. Les différences d'âge et de sexe n'ont plus de valeur sociale pour la classe ouvrière. Il n'y a plus que des instruments de travail dont le coût varie suivant l'âge et le sexe.

Une fois achevée l'exploitation de l'ouvrier par le fabricant, c'est-à-dire lorsque celui-ci lui a compté son salaire, l'ouvrier devient la proie d'autres membres de la bourgeoisie : du propriétaire, du détaillant, du prêteur sur gages, etc.

Petits industriels, petits commerçants et rentiers, petits artisans et paysans, tout l'échelon inférieur des classes moyennes de jadis, tombent dans le prolétariat ; en partie parce que leur faible capital ne leur permettant pas d'employer les procédés de la grande industrie, ils succombent à la concurrence avec les grands capitalistes ; d'autre part, parce que leur habileté est dépréciée par les méthodes nouvelles de production. De sorte que le prolétariat se recrute dans toutes les classes de la population.

Le prolétariat passe par différentes phases de développement. Sa lutte contre la bourgeoisie commence avec son existence même.

La lutte est d'abord engagée par des ouvriers isolés, ensuite par les ouvriers d'une même fabrique, enfin par les ouvriers d'une même branche d'industrie, dans une même localité, contre le bourgeois qui les exploite directement. Ils ne dirigent pas leurs attaques contre les rapports bourgeois de production seulement : ils les dirigent contre les instruments de production eux-mêmes ; ils détruisent les marchandises étrangères qui leur font concurrence, brisent les machines, mettent le feu aux fabriques et s'efforcent de reconquérir la position perdue de l'ouvrier du moyen âge.

A ce stade, les ouvriers forment une masse disséminée à travers le pays et atomisée par la concurrence. S'il arrive que les ouvriers se soutiennent dans une action de masse, ce n'est pas là encore le résultat de leur propre union, mais de celle de la bourgeoisie qui, pour atteindre ses fins politiques propres, doit mettre en branle le prolétariat tout entier, et qui possède encore provisoirement le pouvoir de le faire. Durant cette phase, les prolétaires ne combattent donc pas leurs propres ennemis, mais les ennemis de leurs ennemis, c'est-à-dire les vestiges de la monarchie absolue, propriétaires fonciers, bourgeois non industriels, petits-bourgeois. Tout le mouvement historique est de la sorte concentré entre les mains de la bourgeoisie ; toute victoire remportée dans ces conditions est une victoire bourgeoise.

Or, avec le développement de l'industrie, le prolétariat ne fait pas que s'accroître en nombre ; il est concentré en masses plus importantes ; sa force augmente et il en prend mieux conscience. Les intérêts, les conditions d'existence au sein du prolétariat, s'égalisent de plus en plus, à mesure que la machine efface toute différence dans le travail et réduit presque partout le salaire à un niveau également bas. La concurrence croissante des bourgeois entre eux et les crises commerciales qui en résultent rendent les salaires des ouvriers de plus en plus instables ; le perfectionnement constant et toujours plus rapide de la machine rend leur condition de plus en plus précaire ; les collisions individuelles entre l'ouvrier et le bourgeois prennent de plus en plus le caractère de collisions entre deux classes. Les ouvriers commencent à former des coalitions contre les bourgeois ; ils s'unissent pour défendre leurs salaires. Ils vont jusqu'à former des associations permanentes, pour être prêts en vue de soulèvements éventuels. Çà et là, la lutte éclate en émeutes.

De temps à autre, les ouvriers triomphent ; mais c'est un triomphe éphémère. Le véritable résultat de leurs luttes est moins le succès immédiat que l'union de plus en plus large des travailleurs. Cette union est favorisée par l'accroissement des moyens de communication qui sont créés par une grande industrie et qui font entrer en relation les ouvriers de localités différentes. Or, il suffit de cette prise de contact pour centraliser les nombreuses luttes locales de même caractère en une lutte nationale, pour en faire une lutte de classes. Mais toute lutte de classes est une lutte politique, et l'union que les bourgeois du moyen âge mettaient des siècles à établir, avec leurs chemins vicinaux, les prolétaires modernes la réalisent en quelques années grâce aux chemins de fer.

Cette organisation des prolétaires en classe, et donc en parti politique, est sans cesse de nouveau détruite par la concurrence que se font les ouvriers entre eux. Mais elle renaît toujours, et toujours plus forte, plus ferme, plus puissante. Elle profite des dissensions intestines de la bourgeoisie pour l'obliger à reconnaître, sous forme de loi, certains intérêts de la classe ouvrière : par exemple le *bill* de dix heures en Angleterre.

D'une manière générale, les collisions qui se produisent dans la vieille société favorisent de diverses manières le développement du prolétariat. La bourgeoisie vit dans un état de guerre perpétuel ; d'abord contre l'aristocratie, plus tard contre ces fractions de la bourgeoisie même dont les intérêts entrent en contradiction avec le progrès de l'industrie, et toujours contre la bourgeoisie de tous les pays étrangers. Dans toutes ces luttes, elle se voit obligée de faire appel au prolétariat, d'avoir recours à son aide et de l'entraîner ainsi dans le mouvement politique. Si bien que la bourgeoisie fournit aux prolétaires les éléments de sa propre éducation, c'est-à-dire des armes contre elle-même.

De plus, ainsi que nous venons de le voir, des fractions entières de la classe dominante sont, par le progrès de l'industrie, précipitées dans le prolétariat, ou sont menacées, tout au moins, dans leurs conditions d'existence.

Elles aussi apportent au prolétariat une foule d'éléments d'éducation.

Enfin, au moment où la lutte des classes approche de l'heure décisive, le processus de décomposition de la classe dominante, de la vieille société tout entière, prend un caractère si violent et si âpre qu'une petite fraction de la classe dominante se détache de celle-ci et se rallie à la classe révolutionnaire, à la classe qui porte en elle l'avenir. De même que, jadis, une partie de la noblesse passa à la bourgeoisie, de nos jours une partie de la bourgeoisie passe au prolétariat, et, notamment, cette partie des idéologues bourgeois qui se sont haussés jusqu'à l'intelligence théorique de l'ensemble du mouvement historique.

De toutes les classes qui, à l'heure actuelle, s'opposent à la bourgeoisie, seul le prolétariat est une classe vraiment révolutionnaire. Les autres classes périclitent et disparaissent avec la grande industrie ; le prolétariat, au contraire, en est le produit le plus authentique.

Les classes moyennes, petits industriels, petits commerçants, artisans, paysans, tous combattent la bourgeoisie pour sauver leur existence de classes moyennes du déclin qui les menace. Elles ne sont donc pas révolutionnaires, mais conservatrices ; bien plus, elles sont réactionnaires : elles cherchent à faire tourner à l'envers la roue de l'histoire. Si elles sont révolutionnaires, c'est en considération de leur passage imminent au prolétariat : elles défendent alors leurs intérêts futurs et non leurs intérêts actuels ; elles abandonnent leur propre point de vue pour se placer sur celui du prolétariat.

Quant au sous-prolétariat, cette pourriture passive des couches inférieures de la vieille société, il peut se trouver, çà et là, entraîné dans le mouvement par une révolution prolétarienne ; cependant ses conditions de vie le disposeront plutôt à se vendre et se livrer à des menées réactionnaires.

Les conditions d'existence de la vieille société sont déjà supprimées dans les conditions d'existence du prolétariat. Le prolétaire est sans propriété ; ses relations avec sa femme et ses enfants n'ont plus rien de commun avec celles de la famille bourgeoise ; le travail industriel moderne, l'asservissement moderne au capital, aussi bien en Angleterre qu'en France, en Amérique qu'en Allemagne, ont dépouillé le prolétaire de tout caractère national. Les lois, la morale, la religion sont à ses yeux autant de préjugés bourgeois derrière lesquels se cachent autant d'intérêts bourgeois.

Toutes les classes qui, dans le passé, se sont emparées du pouvoir essayaient de consolider la situation déjà acquise en soumettant l'ensemble de la société aux conditions qui leur assuraient leur revenu. Les prolétaires ne peuvent s'emparer des forces productives sociales qu'en abolissant le mode d'appropriation qui leur était particulier et, par suite, tout le mode d'appropriation en vigueur jusqu'à nos jours. Les prolétaires n'ont rien à sauvegarder qui leur appartienne : ils ont à détruire toute sécurité privée, toutes garanties privées antérieures.

Tous les mouvements ont été, jusqu'ici, accomplis par des minorités ou dans l'intérêt de minorités. Le mouvement prolétarien est le mouvement autonome de l'immense majorité dans l'intérêt de l'immense majorité. Le prolétariat, couche inférieure de la société actuelle, ne peut se mettre debout, se redresser, sans faire sauter toute la superstructure des couches qui constituent la société officielle.

Bien qu'elle ne soit pas, quant au fond, une lutte nationale, la lutte du prolétariat contre la bourgeoisie en revêt cependant d'abord la forme. Le prolétariat de chaque pays doit, bien entendu, en finir avant tout avec sa propre bourgeoisie.

En esquissant à grands traits les phases du développement du prolétariat, nous avons suivi l'histoire de la guerre civile, plus ou moins larvée, qui travaille la société actuelle, jusqu'à l'heure où cette guerre éclate en révolution ouverte, et où le prolétariat fonde sa domination en renversant par la violence la bourgeoisie.

Toutes les sociétés antérieures, nous l'avons vu, ont reposé sur l'antagonisme de classes oppressives et de classes opprimées. Mais, pour opprimer une classe, il faut pouvoir lui assurer des conditions d'existence qui lui permettent au moins de vivre dans la servitude. Le serf est parvenu à devenir membre d'une commune en plein servage de même que le petit-bourgeois s'est élevé au rang de bourgeois sous le joug de l'absolutisme féodal. L'ouvrier moderne au contraire, loin de s'élever avec le progrès de l'industrie, déchoit de plus en plus au-dessous même des conditions de vie de sa propre classe. L'ouvrier devient un pauvre, et le paupérisme s'accroît plus rapidement encore que la population et la richesse. Il en ressort donc clairement que la bourgeoisie est incapable de demeurer plus longtemps classe dirigeante et d'imposer à la société, comme loi impérative, les conditions d'existence de sa classe. Elle est incapable de régner, parce qu'elle est incapable d'assurer l'existence de son esclave dans le cadre de son esclavage, parce qu'elle est obligée de le laisser déchoir au point de devoir le nourrir au lieu qu'il la nourrisse. La société ne peut plus vivre sous sa domination, ce qui revient à dire que l'existence de la bourgeoisie n'est plus compatible avec celle de la société.

L'existence et la domination de la classe bourgeoise ont pour conditions essentielles l'accumulation de la richesse aux mains des particuliers, la formation et l'accroissement du capital ; la condition du capital, c'est le salariat. Le salariat repose exclusivement sur la concurrence des ouvriers entre eux. Le progrès de l'industrie, dont la bourgeoisie est l'agent sans volonté propre et sans résistance, substitue à l'isolement des ouvriers résultant de leur concurrence, leur union révolutionnaire par l'association. Ainsi le développement de la grande industrie sape sous les pieds de la bourgeoisie la base même sur laquelle elle a établi son système de production et d'appropriation. La bourgeoisie produit avant tout ses propres fossoyeurs. Sa chute et la victoire du prolétariat sont également inévitables.

II

PROLÉTAIRES ET COMMUNISTES

Quelle est la position des communistes par rapport à l'ensemble des prolétaires ?

Les communistes ne forment pas un parti distinct opposé aux autres partis ouvriers.

Ils n'ont point d'intérêts qui divergent des intérêts de l'ensemble du prolétariat.

Ils n'établissent pas de principes particuliers sur lesquels ils voudraient modeler le mouvement prolétarien.

Les communistes ne se distinguent des autres partis ouvriers que sur deux points. D'une part, dans les différentes luttes nationales des prolétaires, ils mettent en avant et font valoir les intérêts indépendants de la nationalité et communs à tout le prolétariat. D'autre part, dans les différentes phases de développement que traverse la lutte entre prolétariat et bourgeoisie, ils représentent toujours les intérêts du mouvement dans sa totalité.

Pratiquement, les communistes sont donc la fraction la plus résolue des partis ouvriers de tous les pays, la fraction qui entraîne toutes les autres ; sur le plan de la théorie, ils ont sur le reste du prolétariat l'avantage d'une intelligence claire des conditions, de la marche et des résultats généraux du mouvement prolétarien.

Le but immédiat des communistes est le même que celui de tous les partis ouvriers : constitution du prolétariat en classe, renversement de la domination bourgeoise, conquête du pouvoir politique par le prolétariat.

Les thèses des communistes ne reposent nullement sur des idées, des principes inventés ou découverts par tel ou tel réformateur du monde.

Elles ne sont que l'expression générale des conditions réelles d'une lutte de classes existante, d'un mouvement historique qui s'opère sous nos yeux. L'abolition des rapports de propriété qui ont existé jusqu'ici n'est pas le caractère distinctif du communisme.

Les rapports de propriété ont tous subi de continuels changements, de continuelles transformations historiques.

La Révolution française, par exemple, a aboli la propriété féodale au profit de la propriété bourgeoise.

Ce qui distingue le communisme, ce n'est pas l'abolition de la propriété en général, mais l'abolition de la propriété bourgeoise.

Or, la propriété privée moderne, la propriété bourgeoise, est l'ultime et la plus parfaite expression du mode de production et d'appropriation qui repose sur des antagonismes de classes, sur l'exploitation des uns par les autres.

En ce sens, les communistes peuvent résumer leur théorie dans cette formule unique : abolition de la propriété privée.

On nous a reproché, à nous autres communistes, de vouloir abolir la propriété personnellement acquise, fruit du travail de l'individu, propriété que l'on dit être la base de toute liberté, de toute activité, de toute indépendance personnelles.

La propriété, fruit du travail et du mérite personnel ! Veut-on parler de cette forme de propriété antérieure à la propriété bourgeoise qu'est la propriété du petit-bourgeois, du petit paysan ? Nous n'avons que faire de l'abolir, le progrès de l'industrie l'a abolie et continue chaque jour de l'abolir.

Ou bien veut-on parler de la propriété privée moderne, de la propriété bourgeoise ?

Mais est-ce que le travail salarié, le travail du prolétaire, crée pour lui de la propriété ? Nullement. Il crée le capital, c'est-à-dire la propriété qui exploite le travail salarié, et qui ne peut s'accroître qu'à la condition de produire de nouveau du travail salarié, afin de l'exploiter de nouveau. La propriété, dans sa forme présente, se meut entre ces deux termes antinomiques : le capital et le travail. Examinons les deux termes de cette antinomie.

Etre capitaliste, c'est occuper non seulement une position purement personnelle, mais encore une position sociale dans la production. Le capital est un produit collectif ; il ne peut être mis en mouvement que par l'activité commune de nombreux individus, et même, en dernière analyse, que par l'activité commune de tous les membres de la société.

Le capital n'est donc pas une puissance personnelle ; c'est une puissance sociale.

Dès lors, si le capital est transformé en propriété commune appartenant à tous les membres de la société, ce n'est pas une propriété personnelle qui se change en propriété sociale. Seul le caractère social de la propriété change. Il perd son caractère de classe.

Venons-en au travail salarié.

Le prix moyen du travail salarié, c'est le minimum du salaire, c'est-à-dire la somme des moyens de subsistance nécessaires pour maintenir en vie l'ouvrier en tant qu'ouvrier. Par conséquent, ce que l'ouvrier salarié s'approprie par son activité est tout juste suffisant pour reproduire sa vie ramenée à sa plus simple expression. Nous ne voulons en aucune façon abolir cette appropriation personnelle des produits du travail indispensable à la reproduction de la vie du lendemain, cette appropriation ne laissant aucun profit net qui pourrait conférer un pouvoir sur le travail d'autrui. Ce que nous voulons, c'est supprimer le caractère misérable de cette appropriation qui fait que l'ouvrier ne vit que pour accroître le capital, et ne vit qu'autant que l'exigent les intérêts de la classe dominante.

Dans la société bourgeoise, le travail vivant n'est qu'un moyen d'accroître le travail accumulé. Dans la société communiste, le travail accumulé n'est qu'un moyen d'élargir, d'enrichir et de faire progresser l'existence des travailleurs.

Dans la société bourgeoise, le passé domine donc le présent ; dans la société communiste c'est le présent qui domine le passé. Dans la société bourgeoise, le capital est indépendant et personnel, tandis que l'individu qui travaille n'a ni indépendance, ni personnalité.

Et c'est l'abolition de ces rapports sociaux que la bourgeoisie qualifie d'abolition de la personnalité et de la liberté ! Et avec raison. Car il s'agit certes d'abolir la personnalité, l'indépendance, la liberté bourgeoises.

Par liberté, dans le cadre des actuels rapports de production bourgeois, on entend la liberté du commerce, la liberté d'acheter et de vendre.

Mais si le trafic disparaît, le libre trafic disparaît aussi. Au reste, tous les beaux discours sur la liberté du commerce, de même que toutes les forfanteries libérales de notre bourgeoisie, n'ont de sens que par contraste avec le trafic entravé, avec le bourgeois asservi du moyen âge ;

mais ils n'en ont aucun lorsqu'il s'agit de l'abolition, par le communisme, du trafic, des rapports de production bourgeois et de la bourgeoisie elle-même.

Vous êtes saisis d'horreur parce que nous voulons abolir la propriété privée. Mais, dans votre société actuelle, la propriété privée est abolie pour les neuf dixièmes de ses membres ; si cette propriété existe, c'est précisément parce qu'elle n'existe pas pour ces neuf dixièmes. Vous nous reprochez donc de vouloir abolir une forme de propriété qui a pour condition nécessaire que l'immense majorité de la société soit frustrée de toute propriété.

En un mot, vous nous accusez de vouloir abolir votre propriété à vous. En vérité, c'est bien ce que nous voulons.

Dès l'instant que le travail ne peut plus être converti en capital, en argent, en rente foncière, bref en pouvoir social susceptible d'être monopolisé, c'est-à-dire dès que la propriété individuelle ne peut plus se transformer en propriété bourgeoise, vous déclarez que l'individu est supprimé.

Vous avouez donc que, lorsque vous parlez de l'individu, vous n'entendez parler que du bourgeois, du propriétaire bourgeois. Et cet individu-là, certes, doit être supprimé.

Le communisme n'enlève à personne le pouvoir de s'approprier des produits sociaux ; il n'ôte que le pouvoir d'asservir le travail d'autrui à l'aide de cette appropriation.

On a objecté qu'avec l'abolition de la propriété privée toute activité cesserait, qu'une paresse générale s'emparerait du monde.

Si cela était, il y a beau temps que la société bourgeoise aurait péri de fainéantise puisque, dans cette société, ceux qui travaillent ne gagnent pas et que ceux qui gagnent ne travaillent pas. Toute l'objection se réduit à cette tautologie qu'il n'y a plus de travail salarié du moment qu'il n'y a plus de capital.

Toutes les accusations portées contre le mode communiste de production et d'appropriation des produits matériels l'ont été également contre la production et l'appropriation des œuvres de l'esprit. De même que, pour le bourgeois, la disparition de la propriété de classe équivaut à la disparition de toute production, de même la disparition de la culture de classe s'identifie, pour lui, à la disparition de toute culture.

La culture dont il déplore la perte, n'est pour l'immense majorité qu'un dressage qui en fait des machines.

Mais inutile de nous chercher querelle en appliquant à l'abolition de la propriété bourgeoise l'étalon de vos notions bourgeoises de liberté, de culture, de droit, etc. Vos idées résultent elles-mêmes des rapports bourgeois de propriété et de production, comme votre droit n'est que la volonté de votre classe érigée en loi, volonté dont le contenu est déterminé par les conditions matérielles d'existence de votre classe.

La conception intéressée qui vous fait ériger en lois éternelles de la nature et de la raison vos rapports de production et de propriété – rapports historiques qui disparaissent au cours de l'évolution de la production – cette conception, vous la partagez avec toutes les classes dirigeantes aujourd'hui disparues. Ce que vous comprenez pour la propriété antique, ce que vous comprenez pour la propriété féodale, vous ne pouvez l'admettre pour la propriété bourgeoise.

L'abolition de la famille ! Même les plus radicaux s'indignent de cet infâme dessein des communistes.

Sur quelle base repose la famille bourgeoise actuelle ? Sur le capital, le profit individuel. La famille n'existe, sous sa forme achevée, que pour la bourgeoisie ; mais elle a pour corollaire l'absence de toute famille et la prostitution publique auxquelles sont contraints les prolétaires.

La famille bourgeoise s'évanouit naturellement avec

l'évanouissement de son corollaire, et l'une et l'autre disparaissent avec la disparition du capital.

Nous reprochez-vous de vouloir abolir l'exploitation des enfants par leurs parents ? Ce crime-là, nous l'avouons.

Mais nous supprimons, dites-vous, les liens les plus intimes, en substituant à l'éducation familiale, l'éducation par la société.

Et votre éducation, n'est-elle pas, elle aussi, déterminée par la société ? Déterminée par les rapports sociaux dans le cadre desquels vous élevez vos enfants, par l'immixtion plus ou moins directe de la société, par le canal de l'école, etc. Les communistes n'inventent pas l'action de la société sur l'éducation ; ils en changent seulement le caractère et arrachent l'éducation à l'influence de la classe dominante.

Les phrases de la bourgeoisie sur la famille et l'éducation, sur les doux liens qui unissent l'enfant à ses parents, sont de plus en plus écœurantes à mesure que la grande industrie détruit tout lien de famille pour le prolétaire et transforme les enfants en simples articles de commerce, en simples instruments de travail.

Mais la bourgeoisie tout entière de s'écrier en chœur : « Vous autres, communistes, vous voulez introduire la communauté des femmes ! »

Dans sa femme le bourgeois ne voit qu'un simple instrument de production. Il entend dire que les instruments de production doivent être exploités en commun et il ne peut naturellement qu'en conclure que les femmes connaîtront le sort commun de la socialisation.

Il ne soupçonne pas qu'il s'agit précisément d'abolir la situation de simple instrument de production qui est celle de la femme.

Rien de plus grotesque, d'ailleurs, que l'indignation vertueuse qu'inspire à nos bourgeois la prétendue communauté officielle des femmes en système communiste. Les communistes n'ont pas besoin de l'introduire, elle a presque toujours existé.

Nos bourgeois, non contents d'avoir à leur disposition les femmes et les filles de leurs prolétaires, sans parler de la prostitution officielle, se font le plus grand plaisir de débaucher leurs épouses réciproques.

Le mariage bourgeois est, en réalité, la communauté des femmes mariées. Tout au plus pourrait-on donc accuser les communistes de vouloir mettre à la place d'une communauté des femmes hypocritement dissimulée une communauté franche et officielle. Il est évident, du reste, qu'avec l'abolition des rapports de production actuels, disparaîtra la communauté des femmes qui en découle, c'est-à-dire la prostitution officielle et non officielle.

En outre on a accusé les communistes de vouloir abolir la patrie, la nationalité.

Les ouvriers n'ont pas de patrie. On ne peut leur prendre ce qu'ils n'ont pas. Comme le prolétaire doit en premier lieu conquérir le pouvoir politique, s'ériger en classe nationale, se constituer lui-même en nation, il est encore par là national, quoique nullement au sens où l'entend la bourgeoisie.

Déjà les démarcations nationales et les antagonismes entre les peuples disparaissent de plus en plus avec le développement de la bourgeoisie, la liberté du commerce, le marché mondial, l'uniformité de la production industrielle et les conditions d'existence qu'elle entraîne.

Le prolétariat au pouvoir les fera disparaître plus encore. Son action commune, dans les pays civilisés tout au moins, est l'une des premières conditions de son émancipation.

A mesure qu'est abolie l'exploitation de l'homme par l'homme, est abolie également l'exploitation d'une nation par une autre nation.

Du jour où tombe l'antagonisme des classes à l'intérieur

de la nation, tombe également l'hostilité des nations entre elles.

Quant aux accusations portées d'une façon générale contre le communisme, d'un point de vue religieux, philosophique et idéologique, elles ne méritent pas un examen approfondi.

Est-il besoin d'une grande perspicacité pour comprendre qu'avec toute modification de leurs conditions de vie, de leurs relations sociales, de leur existence sociale, les représentations, les conceptions et les notions des hommes, en un mot leur conscience, changent aussi ?

Que démontre l'histoire des idées, si ce n'est que la production intellectuelle se transforme avec la production matérielle ? Les idées dominantes d'une époque n'ont jamais été que les idées de la classe dominante.

Lorsqu'on parle d'idées qui révolutionnent une société tout entière, on énonce seulement le fait que, dans le sein de l'ancienne société, les éléments d'une société nouvelle se sont formés et que la disparition des vieilles idées va de pair avec la disparition des anciennes conditions d'existence.

Quand le monde antique était à son déclin, les anciennes religions furent vaincues par la religion chrétienne. Quand au XVIIIe siècle les idées chrétiennes cédèrent devant les idées des Lumières, la société féodale livrait sa dernière bataille à la bourgeoisie, alors révolutionnaire. Les idées de liberté de conscience, de liberté religieuse ne faisaient que proclamer le règne de la libre concurrence dans le domaine de la conscience.

« Sans doute, dira-t-on, les idées religieuses, morales, philosophiques, politiques, juridiques, etc., se sont en effet modifiées au cours du développement historique. Cependant la religion, la morale, la philosophie, la politique, le droit se maintenaient toujours à travers ces transformations.

« Il y a de plus des vérités éternelles, telles que la liberté, la justice, etc., qui sont communes à tous les régimes sociaux. Or, le communisme supprime les vérités éternelles, il supprime la religion et la morale au lieu d'en renouveler la forme, et il contredit en cela tous les développements historiques antérieurs. »

A quoi se réduit cette accusation ? L'histoire de toute la société jusqu'à nos jours était faite d'antagonismes de classes, antagonismes qui, selon les époques, ont revêtu des formes différentes.

Mais, quelle qu'ait été la forme revêtue par ces antagonismes, l'exploitation d'une partie de la société par l'autre, est un fait commun à tous les siècles passés. Rien d'étonnant, donc, si la conscience sociale de tous les siècles, en dépit de toute sa variété et de sa diversité, se meut dans certaines formes communes – formes de conscience qui ne se dissoudront complètement qu'avec l'entière disparition de l'antagonisme des classes.

La révolution communiste est la rupture la plus radicale avec les rapports traditionnels de propriété ; rien d'étonnant si dans le cours de son développement, elle rompt de la façon la plus radicale avec les idées traditionnelles.

Mais laissons là les objections faites par la bourgeoisie au communisme.

Nous avons déjà vu plus haut que le premier pas dans la révolution ouvrière est la constitution du prolétariat en classe dominante, la conquête de la démocratie.

Le prolétariat se servira de sa suprématie politique pour arracher peu à peu à la bourgeoisie tout capital, pour centraliser tous les instruments de production entre les mains de l'Etat, c'est-à-dire du prolétariat organisé en classe dominante, et pour augmenter au plus vite la masse des forces productives.

Cela ne pourra se faire, naturellement, au début, que par une intervention despotique dans le droit de propriété et les rapports bourgeois de production, c'est-à-dire par des mesures qui économiquement paraissent insuffisantes et insoutenables, mais qui, au cours du mouvement, se dépassent elles-mêmes et sont inévitables comme moyen de bouleverser le mode de production tout entier.

Ces mesures, bien entendu, seront fort différentes selon les différents pays.

Cependant, pour les pays les plus avancés, les mesures suivantes pourront assez généralement être mises en application :

1. Expropriation de la propriété foncière et affectation de la rente foncière aux dépenses de l'Etat.
2. Impôt fortement progressif.
3. Abolition du droit d'héritage.
4. Confiscation des biens de tous les émigrés et rebelles.
5. Centralisation du crédit entre les mains de l'Etat, par une banque nationale, dont le capital appartiendra à l'Etat et qui jouira d'un monopole exclusif.
6. Centralisation entre les mains de l'Etat de tous les moyens de transport.
7. Multiplication des usines nationales et des instruments de production ; défrichement et amélioration des terres selon un plan collectif.
8. Travail obligatoire pour tous ; organisation d'armées industrielles, particulièrement pour l'agriculture.
9. Coordination de l'activité agricole et industrielle ; mesures tendant à supprimer progressivement l'opposition ville-campagne.
10. Education publique et gratuite de tous les enfants ; abolition du travail des enfants dans les fabriques tel qu'il est pratiqué aujourd'hui. Coordination de l'éducation avec la production matérielle, etc.

Les différences de classes une fois disparues dans le cours du développement, toute la production étant concentrée dans les mains des individus associés, le pouvoir public perd alors son caractère politique. Le pouvoir politique, à proprement parler, est le pouvoir organisé d'une classe pour l'oppression d'une autre. Si le prolétariat, dans sa lutte contre la bourgeoisie, se constitue forcément en classe, s'il s'érige par une révolution en classe dominante et, comme classe dominante, abolit par la violence les anciens rapports de production, il abolit en même temps que ces rapports les conditions de l'antagonisme des classes, il abolit les classes en général et, par là même, sa propre domination de classe.

A la place de l'ancienne société bourgeoise, avec ses classes et ses antagonismes de classes, surgit une association dans laquelle le libre développement de chacun est la condition du libre développement de tous.

III

LITTÉRATURE SOCIALISTE ET COMMUNISTE

1. Le socialisme réactionnaire

a) Le socialisme féodal

Les aristocraties française et anglaise, de par leur position historique, eurent pour vocation d'écrire des pamphlets contre la société bourgeoise moderne. Dans la révolution française de juillet 1830, dans le mouvement anglais pour la Réforme, elles avaient succombé une fois de plus sous les coups de cette arriviste abhorrée. Il ne pouvait plus être question d'une lutte politique sérieuse. Il ne leur restait plus que la lutte littéraire. Or, même dans le domaine littéraire, la vieille phraséologie de la Restauration[1] était devenue impossible. Pour se créer des sympathies, il fallait que l'aristocratie fît semblant de perdre de vue ses intérêts propres et de dresser son acte d'accusation contre la bourgeoisie dans le seul intérêt de la classe ouvrière exploitée. Elle se ménageait de la sorte la satisfaction de chansonner son nouveau maître et d'oser lui fredonner à l'oreille des prophéties d'assez mauvais augure.

Ainsi naquit le socialisme féodal où se mêlaient jérémiades et libelles, échos du passé et grondements sourds de l'avenir. Si parfois sa critique amère, mordante et spirituelle frappait la bourgeoisie au cœur, son impuissance à comprendre la marche de l'histoire moderne était toujours assurée d'un effet comique.

En guise de drapeau, ces messieurs arboraient la besace de prolétaire afin de rassembler le peuple derrière eux ; mais, dès que le peuple accourait, il apercevait les vieux blasons féodaux dont s'ornait leur derrière et il se dispersait avec de grands éclats de rire irrévérencieux.

Une partie des légitimistes français et la Jeune Angleterre ont offert au monde ce spectacle.

Quand les féodaux démontrent que le mode d'exploitation féodal était autre chose que celui de la bourgeoisie, ils n'oublient qu'une chose : c'est qu'ils exploitaient dans des circonstances et des conditions tout à fait différentes et aujourd'hui périmées. Quand ils démontrent que, sous le régime féodal, le prolétariat moderne n'existait pas, ils n'oublient qu'une chose : c'est que la bourgeoisie moderne précisément devait nécessairement jaillir de leur organisation sociale.

---

1. Il ne s'agit pas de la Restauration anglaise (1660-1689) mais de la Restauration française (1814-1830). *(Note d'Engels, édit. angl. 1888.)*

Ils déguisent si peu, d'ailleurs, le caractère réactionnaire de leur critique que leur principal grief contre la bourgeoisie est justement de dire qu'elle assure, sous son régime, le développement d'une classe qui fera sauter tout l'ancien ordre social.

Ils reprochent plus encore à la bourgeoisie d'avoir produit un prolétariat révolutionnaire que d'avoir somme toute créé le prolétariat.

Aussi prennent-ils une part active dans la pratique politique à toutes les mesures de violence contre la classe ouvrière. Et dans leur vie quotidienne, en dépit de leur phraséologie pompeuse, ils s'accommodent très bien de cueillir les pommes d'or et de troquer la fidélité, l'amour et l'honneur contre le commerce de la laine, des betteraves et de l'eau-de-vie[1].

De même que le prêtre et le seigneur féodal marchèrent toujours la main dans la main, de même le socialisme clérical va de pair avec le socialisme féodal.

Rien n'est plus facile que de donner une teinte de socialisme à l'ascétisme chrétien. Le christianisme ne s'est-il pas élevé lui aussi contre la propriété privée, le mariage, l'Etat ? Et à leur place n'a-t-il pas prêché la charité et la mendicité, le célibat et la mortification de la chair, la vie monastique et l'Eglise ? Le socialisme chrétien n'est que l'eau bénite avec laquelle le prêtre consacre le dépit de l'aristocratie.

---

1. Ceci vaut essentiellement pour l'Allemagne où la noblesse terrienne et les hobereaux font cultiver une grande partie de leurs biens par leur régisseur, à leur compte, et sont par ailleurs gros producteurs de sucre de betterave et d'eau-de-vie de pommes de terre. Les aristocrates anglais, plus riches, ne sont pas encore tombés aussi bas ; mais ils savent également comment compenser la baisse de la rente en servant de couverture à des fondateurs de sociétés par actions plus ou moins douteux. *(Note d'Engels, édit. angl. de 1888.)*

b) Socialisme petit-bourgeois

L'aristocratie féodale n'est pas la seule classe qu'ait renversée la bourgeoisie et dont les conditions d'existence s'étiolent et dépérissent dans la société moderne bourgeoise. Les petits-bourgeois et la petite paysannerie du moyen âge étaient les précurseurs de la bourgeoisie moderne. Dans les pays où l'industrie et le commerce sont moins développés, cette classe continue à végéter à côté de la bourgeoisie florissante.

Dans les pays où s'est épanouie la civilisation moderne, il s'est formé une nouvelle classe de petits-bourgeois qui oscille entre le prolétariat et la bourgeoisie ; fraction complémentaire de la société bourgeoise, elle se reconstitue sans cesse ; mais, sous l'effet de la concurrence, ses membres se trouvent sans cesse précipités dans le prolétariat, et, qui plus est, avec le développement de la grande industrie, ils voient approcher l'heure où ils disparaîtront totalement en tant que fraction autonome de la société moderne, et seront remplacés dans le commerce, la manufacture et l'agriculture par des contremaîtres et des domestiques.

Dans les pays comme la France, où la classe paysanne constitue bien plus de la moitié de la population, il est naturel que des écrivains qui prenaient fait et cause pour le prolétariat contre la bourgeoisie aient appliqué à leur critique du régime bourgeois des critères petits-bourgeois et paysans et qu'ils aient pris parti pour les ouvriers du point de vue de la petite bourgeoisie. Ainsi se forma le socialisme petit-bourgeois. Sismondi est le chef de cette littérature, non seulement en France, mais en Angleterre également.

Ce socialisme analysa avec beaucoup de sagacité les contradictions inhérentes aux rapports de production modernes. Il mit à nu les hypocrites apologies des économistes. Il démontra de façon irréfutable les effets meurtriers du machinisme et de la division du travail, de la concentration des capitaux et de la propriété foncière, la surproduction, les crises, la fatale décadence des petits-bourgeois et paysans, la misère du prolétariat, l'anarchie dans la production, la criante disproportion dans la distribution des richesses, la guerre d'extermination industrielle des nations entre elles, la dissolution des anciennes mœurs, des anciens rapports familiaux, des anciennes nationalités.

A en juger toutefois d'après son contenu positif, ou bien ce socialisme entend rétablir les anciens moyens de production et d'échange, et, avec eux, les rapports de propriété antérieurs et toute l'ancienne société, ou bien il entend faire entrer de force les moyens de production et d'échange modernes dans le cadre étroit des anciens rapports de propriété qu'ils ont brisés, qu'ils devaient nécessairement briser. Dans l'un et l'autre cas, ce socialisme est à la fois réactionnaire et utopique.

Régime corporatif pour la manufacture, économie patriarcale à la campagne, voilà son dernier mot.

Au cours de son évolution ultérieure, cette école est tombée dans le lâche marasme des lendemains d'ivresse.

c) Le socialisme allemand ou socialisme « vrai »

La littérature socialiste et communiste de la France, née sous la pression d'une bourgeoisie dominante, expression littéraire de la lutte contre cette domination, fut introduite en Allemagne à une époque où la bourgeoisie venait de commencer sa lutte contre l'absolutisme féodal.

Philosophes, demi-philosophes et beaux esprits allemands se jetèrent avidement sur cette littérature, oubliant seulement qu'avec l'importation des écrits français en Allemagne, les conditions de vie de la France n'y avaient pas été simultanément introduites. Confrontée aux conditions de l'Allemagne, cette littérature française perdait toute signification pratique immédiate et prenait un caractère purement littéraire. Elle ne devait plus paraître qu'une spéculation oiseuse sur la société véritable, sur la réalisation de l'essence humaine. Ainsi pour les philosophes allemands du XVIIIe siècle, les revendications de la première révolution française n'étaient que les revendications de la « raison pratique » en général et les manifestations de la volonté de la bourgeoisie révolutionnaire française n'exprimaient à leurs yeux que les lois de la volonté pure, de la volonté telle qu'elle doit être, de la volonté véritablement humaine.

L'unique travail des littérateurs allemands, ce fut de mettre à l'unisson les idées françaises nouvelles et leur vieille conscience philosophique, ou plutôt de s'approprier les idées françaises en partant de leur point de vue philosophique.

Ils se les approprièrent comme on le fait somme toute d'une langue étrangère, par la traduction.

On sait comment les moines recouvraient les manuscrits des œuvres classiques de l'antiquité païenne des inepties de la vie des saints catholiques. Les littérateurs allemands procédèrent inversement avec la littérature française profane. Ils glissèrent leurs insanités philosophiques sous l'original français. Par exemple, sous la critique française des rapports d'argent, ils écrivirent « aliénation de l'essence humaine », sous la critique française de l'Etat bourgeois, ils écrivirent « abolition du règne de l'universel abstrait », et ainsi de suite.

La substitution de cette phraséologie philosophique aux développements français, ils la baptisèrent : « philosophie de l'action », « socialisme vrai », « science allemande du socialisme », « justification philosophique du socialisme », etc.

De cette façon, on émascula formellement la littérature socialiste et communiste française. Et, comme entre les mains des Allemands elle cessait d'être l'expression de la lutte d'une classe contre une autre, nos gens eurent le sentiment de s'être élevés au-dessus de « l'étroitesse française » et d'avoir défendu non pas de vrais besoins, mais le besoin de vérité ; non pas les intérêts du prolétaire, mais les intérêts de l'essence humaine, de l'homme en général, de l'homme qui n'appartient à aucune classe ni plus généralement à aucune réalité et qui n'existe que dans le ciel embrumé de l'imagination philosophique.

Ce socialisme allemand, qui prenait si solennellement au sérieux ses maladroits exercices d'écolier et qui les claironnait avec un si bruyant charlatanisme, perdit cependant peu à peu son innocence pédantesque.

Le combat de la bourgeoisie allemande et surtout de la bourgeoisie prussienne contre les féodaux et la monarchie absolue, en un mot le mouvement libéral, devint plus sérieux.

De la sorte, le socialisme « vrai » eut l'occasion tant souhaitée d'opposer au mouvement politique les revendications socialistes. Il put lancer les anathèmes traditionnels contre le libéralisme, contre l'Etat représentatif, contre la concurrence bourgeoise, la liberté bourgeoise de la presse, le droit bourgeois, la liberté et l'égalité bourgeoises ; il put prêcher aux masses populaires qu'elles n'avaient rien à gagner, mais au contraire, *tout* à perdre à ce mouvement bourgeois. Le socialisme allemand oublia, fort à propos, que la critique française dont il était l'insipide écho, supposait la société bourgeoise moderne avec les conditions matérielles d'existence correspondantes et une Constitution politique appropriée – toutes choses que, pour l'Allemagne, il s'agissait précisément encore de conquérir.

Pour les gouvernements absolus de l'Allemagne, avec leurs cortèges de prêtres, de pédagogues, de hobereaux et de bureaucrates, ce socialisme devint l'épouvantail rêvé contre la bourgeoisie montante qui les menaçait.

Il fut la sucrerie qui compensait l'amertume des coups de fouet et des coups de fusil par lesquels ces mêmes gouvernements répondaient aux émeutes des ouvriers allemands.

Si le socialisme « vrai » devint ainsi une arme aux mains des gouvernements contre la bourgeoisie allemande, il représentait, directement aussi, un intérêt réactionnaire, l'intérêt de la petite bourgeoisie allemande. La classe des petits-bourgeois léguée par le XVIe siècle, et qui depuis renaît sans cesse sous des formes diverses, constitue pour l'Allemagne la vraie base sociale de l'ordre établi.

La suprématie industrielle et politique de la grande bourgeoisie fait craindre à cette petite bourgeoisie sa déchéance certaine, par suite de la concentration des capitaux d'une part, et de la montée d'un prolétariat révolutionnaire d'autre part. Le socialisme « vrai » lui parut pouvoir faire d'une pierre deux coups. Il se propagea comme une épidémie.

Des étoffes légères de la spéculation, les socialistes allemands firent un ample vêtement, brodé des fines fleurs de leur rhétorique, tout imprégné d'une chaude rosée sentimentale, et ils en habillèrent le squelette de leurs « vérités éternelles », ce qui, auprès d'un tel public, ne fit qu'activer l'écoulement de leur marchandise.

De son côté le socialisme allemand comprit de mieux en mieux que c'était sa vocation d'être le représentant grandiloquent de cette petite bourgeoisie.

Il proclama que la nation allemande était la nation normale et le philistin allemand l'homme normal. A toutes les infamies de cet homme normal, il donna un sens occulte, un sens supérieur et socialiste qui leur faisaient signifier le contraire de ce qu'elles étaient. Il alla jusqu'au bout, s'élevant contre la tendance « brutalement destructive » du communisme et proclamant qu'il était impartialement au-dessus de toutes les luttes de classes. A quelques rares exceptions près, toutes les publications prétendues socialistes ou communistes qui circulent en Allemagne appartiennent à cette sale et émolliente littérature.

2. Le socialisme conservateur ou bourgeois

Une partie de la bourgeoisie cherche à porter remède aux anomalies sociales, afin d'assurer la continuité de la société bourgeoise.

Dans cette catégorie se rangent les économistes, les philanthropes, les humanitaires, les gens qui s'occupent d'améliorer le sort de la classe ouvrière, d'organiser la bienfaisance, d'abolir la cruauté envers les animaux, de fonder des sociétés de tempérance, bref les réformateurs douteux de tout acabit. Et l'on est allé jusqu'à élaborer ce socialisme bourgeois en systèmes complets.

Citons, comme exemple, la *Philosophie de la misère* de Proudhon.

Les bourgeois socialistes veulent les conditions de vie de la société moderne sans les luttes et les dangers qui en découlent fatalement. Ils veulent la société existante, mais expurgée des éléments qui la révolutionnent et la dissolvent. Ils veulent la bourgeoisie sans le prolétariat. La bourgeoisie, comme de juste, se représente le monde où elle domine comme le meilleur des mondes. Le socialisme bourgeois développe cette représentation consolante en un système plus ou moins achevé. Lorsqu'il somme le prolétariat de réaliser ses systèmes afin d'entrer dans la nouvelle Jérusalem, il ne fait qu'exiger de lui, au fond, qu'il s'en tienne à la société actuelle, mais en se débarrassant de la conception haineuse qu'il s'en fait.

Une autre forme de socialisme, moins systématique et

plus pratique, essaya de dégoûter la classe ouvrière de tout mouvement révolutionnaire, en lui démontrant que ce n'était pas telle ou telle transformation politique, mais seulement une transformation des conditions matérielles de vie, des rapports économiques, qui pouvait leur profiter. Notez que, par transformation des conditions matérielles, ce socialisme n'entend aucunement l'abolition des rapports de production bourgeois, laquelle n'est possible que par la révolution, mais uniquement la réalisation de réformes administratives sur la base même de ces rapports bourgeois de production, réformes qui, par conséquent, ne changent rien aux rapports du capital et du salariat et ne font tout au plus que diminuer pour la bourgeoisie les frais de sa domination et alléger le budget de l'Etat.

Le socialisme bourgeois n'atteint son expression adéquate que lorsqu'il devient une simple figure de rhétorique.

Le libre échange, dans l'intérêt de la classe ouvrière ! Des droits protecteurs, dans l'intérêt de la classe ouvrière ! Des prisons cellulaires, dans l'intérêt de la classe ouvrière ! Voilà le dernier mot du socialisme bourgeois, le seul qu'il ait dit sérieusement.

Car le socialisme bourgeois tient justement dans cette affirmation que les bourgeois sont des bourgeois – dans l'intérêt de la classe ouvrière.

3. Le socialisme et le communisme critico-utopiques

Il ne s'agit pas ici de la littérature qui, dans toutes les grandes révolutions modernes, a formulé les revendications du prolétariat (écrits de Babeuf, etc.).

Les premières tentatives directes du prolétariat pour faire prévaloir son propre intérêt de classe, en un temps d'effervescence générale, dans la période du renversement de la société féodale, échouèrent nécessairement, tant du fait de l'état embryonnaire du prolétariat lui-même que du fait de l'absence des conditions matérielles de son émancipation, conditions qui sont précisément le produit de l'époque bourgeoise. La littérature révolutionnaire qui accompagnait ces premiers mouvements du prolétariat a forcément un contenu réactionnaire. Elle préconise un ascétisme universel et un égalitarisme grossier.

Les systèmes socialistes et communistes proprement dits, les systèmes de Saint-Simon, de Fourier, d'Owen, etc., font leur apparition dans la première période de lutte embryonnaire entre le prolétariat et la bourgeoisie, période décrite ci-dessus. (Voir « Bourgeois et prolétaires ».)

Les inventeurs de ces systèmes constatent certes l'antagonisme des classes, ainsi que l'efficacité des éléments dissolvants que recèle la société dominante elle-même. Mais s'agissant du prolétariat, ils n'aperçoivent dans l'histoire aucune activité autonome, aucun mouvement politique qui lui appartienne en propre.

Comme le développement de l'antagonisme des classes va de pair avec le développement de l'industrie, ils n'aperçoivent pas davantage les conditions matérielles de l'émancipation du prolétariat et se mettent en quête d'une science sociale, de lois sociales afin de créer ces conditions.

A l'activité sociale doit se substituer leur propre ingéniosité ; aux conditions historiques de l'émancipation, des conditions imaginaires ; à l'organisation progressive du prolétariat en classe, une organisation de la société qu'ils ont eux-mêmes fabriquée de toutes pièces. Pour eux l'avenir du monde se résout dans la propagande et la mise en pratique de leurs plans de société.

Ils ont certes conscience de défendre, dans leurs plans, les intérêts de la classe ouvrière avant tout, parce qu'elle est la classe qui souffre le plus. Pour eux, le prolétariat n'existe que sous cet aspect de classe qui souffre le plus.

Mais la forme rudimentaire de la lutte des classes, ainsi que leur propre situation sociale les portent à se considérer comme bien au-dessus de tout antagonisme de classes. Ils désirent améliorer la situation de tous les membres de la société, même des plus privilégiés. Par conséquent, ils ne cessent de faire appel à la société tout entière, sans distinction, et même de préférence à la classe régnante. Et, en vérité, il suffit de comprendre leur système pour y reconnaître le meilleur plan possible de la meilleure des sociétés possibles.

Ils repoussent donc toute action politique et surtout toute action révolutionnaire ; ils cherchent à atteindre leur but par des moyens pacifiques et essaient de frayer un chemin au nouvel évangile social par la force de l'exemple, par des expériences à une petite échelle qui naturellement échouent toujours.

Cette peinture imaginaire de la société future, à une époque où le prolétariat encore très peu développé n'envisage donc sa propre situation qu'en imagination, correspond aux premières aspirations intuitives de ce prolétariat à une transformation complète de la société.

Mais les écrits socialistes et communistes comportent aussi des éléments critiques. Ils attaquent tous les fondements de la société existante. Ils ont fourni, par conséquent, des matériaux extrêmement précieux pour éclairer les ouvriers. Leurs propositions positives concernant la société future – par exemple suppression de l'opposition ville-campagne, abolition de la famille, du gain privé et du travail salarié, proclamation de l'harmonie sociale et transformation de l'Etat en une simple administration de la production – toutes ces propositions ne font qu'exprimer la disparition de l'antagonisme des classes, antagonisme qui précisément commence seulement à se dessiner et dont ils ne connaissent encore que les premières formes indistinctes et confuses. Aussi, ces propositions n'ont-elles encore qu'un sens purement utopique.

L'importance du socialisme et du communisme critico-utopiques est en raison inverse du développement historique. A mesure que la lutte des classes prend forme et s'accentue, cette façon de s'élever au-dessus d'elle par l'imagination, cette opposition imaginaire qu'on lui fait, perdent toute valeur pratique, toute justification théorique. C'est pourquoi, si, à beaucoup d'égards, les auteurs de ces systèmes étaient des révolutionnaires, les sectes que forment leurs disciples sont toujours réactionnaires. Car ces disciples s'obstinent à maintenir les vieilles conceptions de leurs maîtres face à l'évolution historique du prolétariat. Ils cherchent donc une fois de plus, et en cela ils sont logiques, à émousser la lutte des classes et à concilier les antagonismes. Ils continuent à rêver la réalisation expérimentale de leurs utopies sociales – établissement de phalanstères isolés, création de colonies à l'intérieur, fondation d'une petite Icarie, édition in-douze de *La Nouvelle Jérusalem*, et, pour la construction de tous ces châteaux en Espagne, ils se voient forcés de faire appel au cœur et à la caisse des philanthropes bourgeois. Peu à peu, ils tombent dans la catégorie des socialistes réactionnaires ou conservateurs dépeints plus haut et ne s'en distinguent plus que par un pédantisme plus systématique et une foi superstitieuse et fanatique dans l'efficacité miraculeuse de leur science sociale.

Ils s'opposent donc avec acharnement à tout mouvement politique des ouvriers, qui n'a pu provenir que d'un manque de foi aveugle dans le nouvel évangile.

Les owenistes en Angleterre, les fouriéristes en France réagissent les uns contre les chartistes, les autres contre les réformistes.

IV

POSITION DES COMMUNISTES ENVERS LES DIFFÉRENTS PARTIS D'OPPOSITION

D'après ce que nous avons dit au chapitre II, la position des communistes à l'égard des partis ouvriers déjà constitués s'explique d'elle-même, et, partant, leur position à l'égard des chartistes en Angleterre et des réformateurs agraires dans l'Amérique du Nord.

Ils combattent pour les intérêts et les buts immédiats de la classe ouvrière ; mais dans le mouvement présent, ils défendent et représentent en même temps l'avenir du mouvement. En France, les communistes se rallient au Parti démocrate-socialiste contre la bourgeoisie conservatrice et radicale, tout en se réservant le droit de critiquer les phrases et les illusions léguées par la tradition révolutionnaire.

En Suisse, ils appuient les radicaux, sans méconnaître que ce parti se compose d'éléments contradictoires, moitié de démocrates-socialistes, dans l'acception française du mot, moitié de bourgeois radicaux.

En Pologne, les communistes soutiennent le parti qui voit dans une révolution agraire la condition de la libération nationale, c'est-à-dire le parti qui déclencha en 1846 l'insurrection de Cracovie.

En Allemagne, le Parti communiste lutte en commun avec la bourgeoisie, toutes les fois qu'elle a un comportement révolutionnaire, contre la monarchie absolue, la propriété foncière féodale et la petite bourgeoisie.

Mais à aucun moment, il ne néglige de développer chez les ouvriers une conscience aussi claire que possible de l'antagonisme violent qui existe entre la bourgeoisie et le prolétariat, afin que, l'heure venue, les ouvriers allemands sachent convertir les conditions politiques et sociales que la bourgeoisie doit nécessairement amener en venant au pouvoir, en autant d'armes contre la bourgeoisie, afin que, sitôt renversées les classes réactionnaires de l'Allemagne, la lutte puisse s'engager contre la bourgeoisie elle-même.

C'est vers l'Allemagne que se tourne principalement l'attention des communistes, parce qu'elle se trouve à la veille d'une révolution bourgeoise, parce qu'elle accomplira cette révolution dans les conditions les plus avancées de la civilisation européenne et avec un prolétariat infiniment plus développé que l'Angleterre au XVIIe et la France au XVIIIe siècle, et que par conséquent, la révolution bourgeoise allemande ne saurait être que le prélude immédiat d'une révolution prolétarienne.

En un mot, les communistes appuient en tous pays tout mouvement révolutionnaire contre l'ordre social et politique existant.

Dans tous ces mouvements, ils mettent en avant la question de la propriété, à quelque degré d'évolution qu'elle ait pu arriver, comme la question fondamentale du mouvement.

Enfin les communistes travaillent partout à l'union et à l'entente des partis démocratiques de tous les pays.

Les communistes se refusent à masquer leurs opinions et leurs intentions. Ils proclament ouvertement que leurs buts ne peuvent être atteints que par le renversement violent de tout l'ordre social passé. Que les classes dirigeantes tremblent devant une révolution communiste ! Les prolétaires n'ont rien à y perdre que leurs chaînes. Ils ont un monde à gagner.

PROLÉTAIRES DE TOUS LES PAYS,
UNISSEZ-VOUS !

PRÉFACES

Préface
à l'édition allemande de 1872

La Ligue des Communistes, association ouvrière internationale qui, dans les circonstances d'alors, ne pouvait être évidemment que secrète, chargea les soussignés, délégués au Congrès tenu à Londres en novembre 1847, de rédiger un programme détaillé du parti, à la fois théorique et pratique, et destiné à être diffusé. Telle est l'origine de ce *Manifeste* dont le manuscrit, quelques semaines avant la révolution de février, fut envoyé à Londres pour y être imprimé. Publié d'abord en allemand, il a eu dans cette langue au moins douze éditions différentes en Allemagne, en Angleterre et en Amérique. Il parut pour la première fois en anglais en 1850, à Londres, dans *The Red Republican* dans une traduction de miss Helen Macfarlane, et, en 1871, il eut, en Amérique, au moins trois traductions anglaises. En français, il parut une première fois à Paris, peu de temps avant l'insurrection de 1848, et, récemment, dans *Le Socialiste* de New York. On en fit une édition en polonais à Londres, peu de temps après la première édition allemande. Il a paru en russe, à Genève, dans les années soixante à soixante-dix. Il a été également traduit en danois peu après sa publication.

Bien que les circonstances aient beaucoup changé au cours des vingt-cinq dernières années, les principes généraux exposés dans ce *Manifeste* conservent dans leurs grandes lignes, aujourd'hui encore, toute leur exactitude. Il faudrait améliorer çà et là quelques détails. Ainsi que le *Manifeste* l'explique lui-même, l'application des principes dépendra partout et toujours de circonstances historiques données et c'est pourquoi on n'insiste pas particulièrement sur les mesures révolutionnaires énumérées à la fin du chapitre II. Ce passage serait, à bien des égards, rédigé tout autrement aujourd'hui. Etant donné les progrès immenses de la grande industrie dans les vingt-cinq dernières années et les progrès parallèles de l'organisation de la classe ouvrière en parti, étant donné les expériences concrètes, d'abord de la révolution de février et, bien plus encore, de la Commune de Paris qui, pendant deux mois, mit pour la première fois aux mains du prolétariat le pouvoir politique, ce programme est aujourd'hui périmé sur certains points. La Commune, notamment, a démontré que « la classe ouvrière ne peut pas se contenter de prendre telle quelle la machine de l'Etat et de la faire fonctionner pour son propre compte ». (Voir *La Guerre civile en France, Adresse au Conseil général de l'Association internationale des travailleurs,* édition allemande, p. 19, où cette idée est plus longuement développée.) En outre, il est évident que la critique de la littérature socialiste présente une lacune pour la période actuelle, puisqu'elle s'arrête à 1847. Et, de même, si les remarques sur la position des communistes à l'égard des différents partis d'opposition (chapitre IV) sont exactes aujourd'hui encore dans leurs principes, elles ont actuellement vieilli dans leur application parce que la situation politique s'est modifiée du tout au tout et que l'évolution historique a fait disparaître la plupart des partis qui y sont énumérés.

Cependant, le *Manifeste* est un document historique et nous ne nous reconnaissons pas le droit d'y apporter des modifications. Une édition ultérieure sera peut-être précédée d'une introduction qui comblera la lacune de 1847 à nos jours ; la réimpression actuelle nous a pris trop à l'improviste pour nous donner le temps de l'écrire.

Londres, 24 juin 1872
Karl MARX, Friedrich ENGELS

Préface
à l'édition allemande de 1883

Il me faut malheureusement signer seul la préface de cette édition. Marx, l'homme auquel toute la classe ouvrière d'Europe et d'Amérique doit plus qu'à tout autre, Marx repose au cimetière de Highgate et sur sa tombe verdit déjà le premier gazon. Après sa mort, il ne saurait être question moins que jamais de remanier ou de compléter le *Manifeste*. Je crois d'autant plus nécessaire d'établir expressément, une fois de plus, ce qui suit.

L'idée fondamentale et directrice du *Manifeste* – à savoir que la production économique et la structure sociale de chaque époque historique qui en résulte nécessairement, forment la base de l'histoire politique et intellectuelle de cette époque ; que, par suite (depuis la dissolution de la propriété commune du sol des temps primitifs) toute l'histoire a été une histoire de luttes de classes, de luttes entre classes exploitées et classes exploiteuses, entre classes dominées et classes dominantes, aux différentes étapes de développement social ; mais que cette lutte a actuellement atteint une étape où la classe exploitée et opprimée (le prolétariat) ne peut plus se libérer de la classe qui l'exploite et l'opprime (la bourgeoisie) sans en même temps libérer à tout jamais la société entière de l'exploitation, de l'oppression et des luttes de classes – cette idée maîtresse appartient uniquement et exclusivement à Marx[1].

Je l'ai souvent déclaré, mais il est nécessaire, précisément à l'heure actuelle, que cette déclaration figure aussi en tête du *Manifeste.*

Londres, 28 juin 1883
Friedrich ENGELS

---

1. Cette idée, ai-je écrit dans la préface à l'édition anglaise, cette idée qui, selon moi, est appelée à marquer pour la science historique le même progrès que la théorie de Darwin pour les sciences naturelles – nous nous en étions tous deux approchés peu à peu, plusieurs années déjà avant 1845. Mon livre, *La Situation de la classe laborieuse en Angleterre,* montre jusqu'où j'étais allé moi-même dans cette direction. Mais lorsque je retrouvai Marx à Bruxelles, au printemps de 1845, il l'avait complètement élaborée et il me l'exposa à peu près aussi clairement que je l'ai fait ci-dessus. (*Note d'Engels, édit. all. de 1890.)*

Préface à l'édition anglaise de 1888

Le *Manifeste* fut publié en tant que plate-forme de la Ligue des Communistes, association de travailleurs, d'abord exclusivement allemande, ensuite internationale, qui, dans les conditions politiques existant sur le continent avant 1848, était inévitablement une société secrète. Au Congrès de la Ligue, qui se tint à Londres en novembre 1847, Marx et Engels furent chargés de préparer, aux fins de publication, un programme de parti complet, à la fois théorique et pratique. Rédigé en allemand en janvier 1848, le manuscrit fut envoyé pour impression à Londres quelques semaines avant la révolution française du 24 février. Une traduction française fut éditée à Paris à la veille de l'insurrection de juin 1848. La première traduction anglaise, due à miss Helen Macfarlane, parut dans le *Red Republican* de George Julian Harney à Londres en 1850. Il y avait eu également une édition danoise et une édition polonaise.

La défaite de l'insurrection parisienne de juin 1848, première grande bataille entre le prolétariat et la bourgeoisie, rejeta de nouveau à l'arrière-plan pendant quelque temps les aspirations sociales et politiques de la classe ouvrière européenne. Depuis, la lutte pour la suprématie s'est à nouveau déroulée, comme avant la révolution de février, exclusivement entre diverses fractions de la classe possédante : quant à la classe ouvrière, elle en était réduite à jouer des coudes pour trouver place dans l'arène politique et à devenir l'aile avancée du radicalisme bourgeois. Partout où des mouvements prolétariens indépendants continuaient à donner signe de vie, ils furent traqués implacablement. C'est ainsi que la police prussienne découvrit le Comité central de la Ligue des Communistes, dont le siège était alors à Cologne. Ses membres furent arrêtés et, après dix-huit mois d'incarcération, ils passèrent en jugement en octobre 1852. Le célèbre procès communiste de Cologne dura du 4 octobre au 12 novembre ; sept des accusés furent condamnés à des peines de réclusion en forteresse variant de trois à six ans. Aussitôt après cette condamnation, la Ligue fut officiellement dissoute par les membres restants. Quant au *Manifeste,* il paraissait désormais voué à l'oubli.

Quand la classe ouvrière européenne eut retrouvé des forces suffisantes pour livrer un nouveau combat contre les classes dirigeantes, surgit l'Association internationale des travailleurs. Mais cette association, créée dans le but précis de souder en une seule organisation tout le prolétariat militant d'Europe et d'Amérique, ne pouvait proclamer sur-le-champ les principes exposés dans le *Manifeste.* Il fallait que l'Internationale eût un programme assez large pour être accepté par les trade-unions anglaises, par les disciples de Proudhon en France, en Belgique, en Italie et en Espagne, et par les Lassalliens[1] en Allemagne. Marx, qui rédigea ce programme à la satisfaction de tous les partis, mettait toute sa confiance dans le développement

1. Lassalle s'est toujours personnellement reconnu vis-à-vis de nous comme un disciple de Marx et, comme tel, il se plaçait sur les positions du *Manifeste*. Mais, dans son agitation publique, en 1862-64, il ne dépassa pas le stade de la revendication d'ateliers coopératifs soutenus par les crédits de l'Etat.

intellectuel de la classe ouvrière qui résulterait à coup sûr de l'action unie et de la discussion mutuelle. Les épisodes et les vicissitudes mêmes de la lutte contre le capital, les défaites plus encore que les victoires, ne pouvaient manquer de rendre sensible aux hommes l'insuffisance de leurs panacées favorites et de frayer la voie à une perception plus précise des conditions véritables de l'émancipation de la classe ouvrière. Et Marx avait raison. L'Internationale, au moment de sa dissolution en 1874, laissait les travailleurs dans un état tout différent de celui où elle les avait trouvés en 1864. Le proudhonisme en France, le lassallisme en Allemagne étaient moribonds, et même les conservatrices trade-unions d'Angleterre, bien qu'elles eussent pour la plupart rompu leurs liens avec l'Internationale, en arrivaient peu à peu au point de pouvoir, comme l'an dernier à Swansea, dire par la bouche de leur président qui s'exprimait en leur nom : « Le socialisme continental n'est plus pour nous quelque chose de terrifiant. » De fait, les principes du *Manifeste* avaient fait des progrès considérables parmi les travailleurs de tous les pays.

Le *Manifeste* lui-même revint ainsi au premier plan. Le texte allemand avait été, depuis 1850, réimprimé plusieurs fois en Suisse, en Angleterre et en Amérique. En 1872, il fut traduit en anglais à New York, où cette traduction fut publiée par le *Woodhull and Claflin's Weekly*. A partir de cette version anglaise, on en fit une française qui parut dans *Le Socialiste* de New York. Depuis on a publié en Amérique au moins deux autres traductions anglaises, plus ou moins mutilées, et l'une d'entre elles a été réimprimée en Angleterre. La première traduction russe, faite par Bakounine, a été publiée à l'imprimerie du *Kolokol* de Herzen à Genève vers 1863 ; une seconde par l'héroïque Véra Zassoulitch, également à Genève en 1882. On trouve une nouvelle édition danoise dans la *Socialdemokratisk*

Bibliotek de Copenhague en 1885 ; une nouvelle édition française dans *Le Socialiste* de Paris en 1885. A partir de cette dernière, une version espagnole a été préparée et publiée à Madrid en 1886. On ne compte plus les réimpressions allemandes : il y en a eu au total au moins douze. Une traduction arménienne, qui devait paraître à Constantinople il y a quelques mois, n'a pas vu le jour, me dit-on, parce que l'éditeur a eu peur de sortir un livre portant le nom de Marx, tandis que le traducteur déclinait la paternité de son ouvrage. J'ai entendu parler d'autres traductions dans d'autres langues, mais je ne les ai pas vues. Ainsi, l'histoire du *Manifeste* reflète dans une large mesure l'histoire du mouvement ouvrier moderne ; c'est à présent sans nul doute l'œuvre la plus répandue, la plus internationale de toute la littérature socialiste, le programme commun reconnu par des millions de travailleurs depuis la Sibérie jusqu'à la Californie.

Pourtant, quand il fut écrit, nous n'aurions pas pu l'appeler un *Manifeste socialiste.* On entendait par socialistes, en 1847, d'une part, les adeptes des divers systèmes utopiques : les owenistes en Angleterre, les fouriéristes en France, déjà relégués les uns et les autres au rang de simples sectes, en voie de dépérissement graduel ; d'autre part, les charlatans sociaux les plus divers qui, grâce à toutes sortes de rafistolages, prétendaient remédier, sans le moindre danger pour le capital et le profit, à tous les maux de la société ; dans un cas comme dans l'autre, des hommes en dehors du mouvement ouvrier et cherchant plutôt l'appui des classes « cultivées ». Toute fraction de la classe ouvrière qui s'était convaincue de l'insuffisance des révolutions purement politiques et avait proclamé la nécessité d'un changement total de la société, se déclarait alors communiste. C'était une sorte de communisme rudimentaire, mal dégrossi, purement instinctif ; il touchait pourtant à l'essentiel et il eut assez de vigueur parmi la classe ouvrière pour donner naissance au communisme utopique de Cabet en France, de Weitling en Allemagne. Le socialisme était donc, en 1847, un mouvement bourgeois et le communisme un mouvement ouvrier. Le socialisme, tout au moins sur le continent, était « décent » ; pour le communisme, c'était exactement l'inverse. Et comme notre conception était, dès le début, que « l'émancipation de la classe ouvrière doit être l'œuvre de la classe ouvrière elle-même », il ne pouvait y avoir de doute sur celui des deux noms qu'il nous fallait adopter. En outre, loin de nous depuis lors l'idée de la répudier.

Le *Manifeste* étant notre œuvre conjointe, j'estime qu'il est de mon devoir de déclarer que la proposition fondamentale qui en constitue le noyau appartient à Marx. Cette proposition, c'est qu'à toute époque historique, le mode dominant de production économique et d'échange et l'organisation sociale qui en résulte nécessairement constituent la base sur laquelle s'édifie et à partir de laquelle peut seule s'expliquer l'histoire politique et intellectuelle de cette époque ; que, par conséquent, toute l'histoire de l'humanité (depuis la dissolution de la société tribale primitive possédant en commun la terre) a été une histoire de luttes de classes, de conflits entre classes exploiteuses et exploitées, entre classes dominantes et classes opprimées ; que l'histoire de ces luttes de classes constitue une série d'évolutions au terme desquelles nous parvenons de nos jours à un stade où la classe exploitée et opprimée – le prolétariat – ne peut réaliser son émancipation du pouvoir de la classe exploiteuse et dominante – la bourgeoisie – sans émanciper, en même temps et une fois pour toutes, la société tout entière de toute exploitation, de toute oppression, de toutes distinctions de classe et de toutes luttes de classes.

Vers cette proposition qui est, à mon avis, destinée à faire pour l'histoire ce que la théorie de Darwin a fait pour la biologie, nous nous acheminions tous deux peu à peu depuis quelques années avant 1845. Les progrès que j'avais faits tout seul dans cette direction apparaissent le mieux dans ma *Situation de la classe laborieuse en Angleterre.* Mais lorsque je revis Marx à Bruxelles au printemps de 1845, il en avait achevé l'élaboration et me l'exposa en termes presque aussi clairs que ceux dans lesquels je viens de la formuler.

De notre préface commune à l'édition allemande de 1872, je cite le passage suivant :

« Bien que les circonstances aient beaucoup changé au cours des vingt-cinq dernières années, les principes généraux exposés dans ce *Manifeste* conservent dans leurs grandes lignes, aujourd'hui encore, toute leur exactitude. Il faudrait améliorer çà et là quelques détails. Ainsi que le *Manifeste* l'explique lui-même, l'application des principes dépendra partout et toujours des circonstances historiques données, et c'est pourquoi on n'insiste pas particulièrement sur les mesures révolutionnaires énumérées à la fin du chapitre II. Ce passage serait à bien des égards, rédigé tout autrement aujourd'hui. Etant donné les progrès immenses de la grande industrie dans les vingt-cinq dernières années et les progrès parallèles de l'organisation de la classe ouvrière en parti, étant donné les expériences concrètes, d'abord de la révolution de février, et, bien plus encore, de la Commune de Paris, qui, pendant deux mois, mit pour la première fois aux mains du prolétariat le pouvoir politique, ce programme est aujourd'hui périmé sur certains points. La Commune, notamment, a démontré que "la classe ouvrière ne peut pas se contenter de prendre telle quelle la machine de l'Etat et de la faire fonctionner pour son propre compte". (Voir *La Guerre civile en France. Adresse du Conseil général de l'Association internationale des travailleurs,* édition allemande, page 19, où cette idée est plus longuement développée.) En outre, il est évident que la critique de la littérature socialiste présente une lacune, pour la période actuelle, puisqu'elle s'arrête à 1847. Et, de même, si les remarques sur la position des communistes à l'égard des différents partis d'opposition (chapitre IV) sont exactes aujourd'hui encore dans leurs principes, elles ont actuellement vieilli dans leur application parce que la situation politique s'est modifiée du tout au tout et que l'évolution historique a fait disparaître la plupart des partis qui y sont énumérés.

« Cependant, le *Manifeste* est un document historique et nous ne nous reconnaissons pas le droit d'y apporter des modifications. »

La présente traduction est de M. Samuel Moore, le traducteur de la plus grande partie du *Capital* de Marx. Nous l'avons revue en commun, et j'ai ajouté quelques notes pour expliquer certaines allusions historiques.

Londres, 30 janvier 1888
F. ENGELS

Préface
à l'édition allemande de 1890

Depuis que j'ai écrit les lignes qui précèdent, une nouvelle édition allemande du *Manifeste* est devenue nécessaire, et en outre il est arrivé au *Manifeste* toutes sortes d'incidents qu'il convient de mentionner ici.

Une deuxième traduction russe – par Véra Zassoulitch – parut à Genève en 1882 ; nous en rédigeâmes, Marx et moi, la préface. Malheureusement, j'ai égaré le manuscrit allemand original et je suis donc obligé de retraduire du russe, ce qui n'est d'aucun profit pour le texte même. Voici cette préface :

« La première édition russe du *Manifeste du Parti communiste,* traduit par Bakounine, parut peu après 1860 à l'imprimerie du *Kolokol*. A cette époque, l'Occident pouvait n'y voir (dans l'édition russe du *Manifeste*) qu'une curiosité littéraire. Une telle conception serait aujourd'hui impossible.

« Combien était limitée l'expansion du mouvement prolétarien à cette époque (décembre 1847), c'est ce que montre parfaitement la dernière section : "Position des communistes envers les différents partis d'opposition dans les divers pays". La Russie et les Etats-Unis n'y sont justement pas mentionnés. C'était le temps où la Russie formait la dernière grande réserve de la réaction européenne, et où l'immigration aux Etats-Unis absorbait l'excédent des forces du prolétariat européen. Ces deux pays fournissaient à l'Europe des matières premières et lui offraient en même temps des débouchés pour l'écoulement de ses produits industriels. Tous deux servaient donc, d'une manière ou de l'autre, de piliers à l'ordre établi en Europe.

« Que tout cela est changé aujourd'hui ! C'est précisément l'immigration européenne qui a rendu possible en Amérique du Nord le développement gigantesque de la production agricole dont la concurrence ébranle dans ses fondements la grande et la petite propriété foncière en Europe. C'est elle qui a, du même coup, donné aux Etats-Unis la possibilité d'exploiter ses énormes ressources industrielles et cela avec une énergie et à une échelle telles que le monopole industriel que détenait jusqu'à présent l'Europe occidentale, et surtout l'Angleterre, sera brisé à bref délai. Ces deux circonstances ont à leur tour des répercussions révolutionnaires sur l'Amérique elle-même. La petite et la moyenne propriété des *farmers*, cette assise de tout le système politique américain, succombent peu à peu sous la concurrence de fermes gigantesques, tandis que, dans les districts industriels, se développe pour la première fois un prolétariat nombreux de pair avec une fabuleuse concentration des capitaux.

« Passons en Russie. Au cours de la révolution de 1848-1849, les monarques d'Europe, tout comme la bourgeoisie européenne, voyaient dans l'intervention russe le seul moyen qui pouvait les sauver du prolétariat qui commençait justement à s'éveiller. Ils proclamèrent le tsar chef de la réaction européenne. Aujourd'hui, il est, dans son palais de Gatchina, le prisonnier de guerre de la révolution, et la Russie est à l'avant-garde de l'action révolutionnaire en Europe.

« Le *Manifeste communiste* avait pour tâche de proclamer la disparition inéluctable et prochaine de la propriété bourgeoise moderne. Mais en Russie, à côté de la spéculation capitaliste qui se développe fiévreusement et de la propriété foncière bourgeoise qui ne fait que commencer à se développer, plus de la moitié du sol est la propriété commune des paysans. Il s'agit dès lors de savoir si la communauté paysanne russe, cette forme de l'antique propriété commune du sol, bien que déjà fortement minée, passera directement à la forme communiste supérieure de la propriété collective, ou bien si elle doit suivre d'abord le même processus de décomposition qu'elle a subi au cours du développement historique de l'Occident.

« La seule réponse qu'on puisse faire aujourd'hui à cette question est la suivante : si la révolution russe donne le signal d'une révolution prolétarienne en Occident, et que donc toutes deux se complètent, la propriété commune actuelle de la Russie pourra servir de point de départ à une évolution communiste.

« Londres, 21 janvier 1882
Karl MARX, Friedrich ENGELS. »

Une nouvelle traduction polonaise parut, à la même époque, à Genève : *Manifest kommunistyczny*.

En outre, une nouvelle traduction danoise a paru dans la *Social-demokratisk Bibliothek*, Copenhague, 1885. Elle n'est malheureusement pas tout à fait complète ; quelques passages essentiels, qui semblent avoir arrêté le traducteur, ont été omis et, çà et là, on peut relever des traces de négligences, dont l'effet est d'autant plus regrettable qu'on voit d'après ce travail que la traduction aurait pu, avec un peu plus de soin, être excellente.

En 1886 parut une nouvelle traduction française dans *Le Socialiste* de Paris ; c'est la meilleure publiée jusqu'ici.

La même année, il a été donné de cette traduction une version espagnole publiée d'abord dans *El Socialista*, de

Madrid, et ensuite une brochure : *Manifiesto del Partido comunista,* por Carlos Marx y F. Engels, Madrid, Administración de *El Socialista,* Hernan Cortés, 8.

A titre de curiosité, je mentionnerai le manuscrit d'une traduction arménienne proposé en 1887 à un éditeur de Constantinople ; le brave homme n'eut cependant pas le courage d'imprimer un écrit qui portait le nom de Marx et estima que le traducteur devait bien plutôt s'en déclarer l'auteur, ce que celui-ci refusa de faire.

Après la réimpression, en Angleterre, à plusieurs reprises de l'une ou l'autre des traductions américaines plus ou moins inexactes, une traduction authentique a finalement paru en 1888. Elle est due à mon ami Samuel Moore et nous l'avons revue ensemble avant l'impression. Elle a pour titre : *Manifesto of the Communist Party,* by Karl Marx and Frederick Engels, Authorized English Translation, edited and annotated by Frederick Engels, 1888, London, William Reeves, 185, Fleet St. E.C. J'ai repris dans la présente édition quelques-unes des notes de cette édition.

Le *Manifeste* a eu sa destinée propre. Salué avec enthousiasme, au moment de son apparition, par l'avant-garde peu nombreuse encore du socialisme scientifique (comme le prouvent les traductions signalées dans la première préface), il fut bientôt refoulé à l'arrière-plan par la réaction qui suivit la défaite des ouvriers parisiens en juin 1848, et finalement il fut proscrit « de par la loi » avec la condamnation des communistes de Cologne en novembre 1852. Avec le mouvement ouvrier datant de la révolution de février, le *Manifeste* aussi disparaissait de la scène publique.

Lorsque la classe ouvrière européenne eut repris suffisamment de forces pour un nouvel assaut contre le pouvoir des classes dominantes, naquit l'Association internationale des travailleurs. Elle avait pour but de fondre en *une* immense armée toute la classe ouvrière combative d'Europe et d'Amérique. Elle ne pouvait donc *partir* des principes établis dans le *Manifeste*. Il lui fallait un programme qui ne fermât pas la porte aux trade-unions anglaises, aux proudhoniens français, belges, italiens et espagnols, ni aux lassalliens allemands[1]. Ce programme – le préambule des statuts de l'Internationale – fut établi par Marx avec une maîtrise qu'ont reconnue Bakounine et les anarchistes eux-mêmes. Pour la victoire définitive des principes énoncés dans le *Manifeste*, Marx s'en remettait uniquement au développement intellectuel de la classe ouvrière, qui devait résulter de l'action unie et de la discussion. Les événements et les vicissitudes de la lutte contre le capital, les défaites plus encore que les succès, ne pouvaient manquer de faire sentir aux combattants l'insuffisance des panacées qu'ils proposaient jusqu'alors et de les rendre plus réceptifs à une analyse fondamentale des conditions véritables de l'émancipation ouvrière. Et Marx avait raison. La classe ouvrière de 1874, lors de la dissolution de l'Internationale, était tout autre que celle de 1864, au moment de sa fondation. Le proudhonisme dans les pays latins et le lassallisme spécifique en Allemagne étaient à l'agonie, et même les trade-unions anglaises, alors ultra-conservatrices, approchaient peu à peu du moment où, en 1887, le président de leur congrès à Swansea pouvait dire en leur nom : « Le socialisme continental a cessé de nous effrayer. » Or, dès 1887, le socialisme

1. Personnellement, Lassalle se déclarait toujours, vis-à-vis de nous, le disciple de Marx et, comme tel, il se plaçait évidemment sur le terrain du *Manifeste*. Il en est autrement de ceux de ses partisans qui n'allèrent pas au-delà de sa revendication de coopératives de production bénéficiant de crédits de l'Etat et qui divisèrent toute la classe ouvrière en ouvriers comptant sur l'Etat et en ouvriers ne comptant que sur eux-mêmes.

continental n'était pratiquement plus que la théorie formulée dans le *Manifeste*. Et ainsi l'histoire du *Manifeste* reflète jusqu'à un certain point l'histoire du mouvement ouvrier moderne depuis 1848. A l'heure actuelle, il est incontestablement l'œuvre la plus répandue, la plus internationale de toute la littérature socialiste, le programme commun à des millions d'ouvriers de tous les pays, de la Sibérie à la Californie.

Et cependant, lorsqu'il parut, nous n'aurions pu l'intituler *Manifeste socialiste*. En 1847, on entendait par socialistes deux sortes de gens. D'abord les adeptes des divers systèmes utopiques, notamment les owenistes en Angleterre et les fouriéristes en France, qui n'étaient déjà plus, les uns et les autres, que de simples sectes agonisantes. D'autre part, les charlatans sociaux de tout acabit qui voulaient, grâce à diverses panacées et toutes sortes de rapiéçages, supprimer les défauts de la société, sans faire le moindre tort au capital et au profit. Dans les deux cas, des gens qui vivaient en dehors du mouvement ouvrier et qui cherchaient plutôt un appui auprès des classes « cultivées ». Au contraire, la fraction d'ouvriers qui, convaincus de l'insuffisance des simples bouleversements politiques, réclamaient une transformation fondamentale de la société, s'appelait alors communiste. C'était un communisme à peine dégrossi que le leur, purement instinctif, parfois un peu grossier ; mais il était assez puissant pour donner naissance à deux systèmes de communisme utopique : en France le communisme « icarien » de Cabet et en Allemagne le système de Weitling. Le socialisme signifiait en 1847 un mouvement bourgeois, le communisme un mouvement ouvrier. Le socialisme avait, sur le continent tout au moins, ses entrées dans le monde ; pour le communisme, c'était exactement le contraire. Et comme, dès ce moment, nous étions très nettement d'avis que « l'émancipation des travailleurs doit être l'œuvre des travailleurs eux-mêmes », nous ne pouvions hésiter un instant sur la dénomination à choisir. Depuis, il ne nous est jamais venu à l'esprit de la rejeter.

« Prolétaires de tous les pays, unissez-vous ! » Quelques voix seulement répondirent lorsque nous lançâmes cet appel par le monde, il y a maintenant quarante-deux ans, à la veille de la première révolution parisienne qui vit le prolétariat présenter ses propres revendications. Mais le 28 septembre 1864, des prolétaires de la plupart des pays d'Europe occidentale s'unissaient pour former l'Association internationale des travailleurs, de glorieuse mémoire. L'Internationale elle-même ne vécut, sans doute, que neuf années. Mais que l'alliance éternelle établie par elle entre les prolétaires de tous les pays existe encore, plus vigoureuse que jamais, il n'en est pas de meilleure preuve que la journée d'aujourd'hui justement. Car au moment où j'écris ces lignes, le prolétariat d'Europe et d'Amérique passe ses forces en revue pour la première fois mobilisées en *une* seule armée, sous *un* même drapeau et pour *un* même but immédiat : la fixation légale de la journée normale de huit heures, proclamée dès 1866 par le Congrès de l'Internationale tenu à Genève, et de nouveau par le Congrès ouvrier de Paris en 1889. Le spectacle de cette journée montrera aux capitalistes et aux propriétaires fonciers de tous les pays que les prolétaires de tous les pays sont effectivement unis.

Que Marx n'est-il à côté de moi, pour voir cela de ses propres yeux !

Londres, 1er mai 1890
Friedrich ENGELS

Librio

210

Achevé d'imprimer en Allemagne (Pössneck)
en novembre 2005 pour le compte de E.J.L.
87, quai Panhard-et-Levassor, 75013 Paris
Dépôt légal novembre 2005
1er dépôt légal dans la collection : février 1998

Diffusion France et étranger : Flammarion